悟りのシリーズ ①

神が世界をあらためた

悟りとともにあらためた

TAIKO

たま出版

はじめに

本書は、タイトルにありますように、神が世界をあらためたこと、悟りとともにあらためたことをお伝えしております。

本文中では、「新ためた」という漢字を使っておりますが、新ためたとは、素《もと》にしたこと、陰《ネガ》のない素にしたことであって、神は世界を陰《ネガ》のない素の世界にしたのです。

そしてそれは、陽《よう》のみ、宇宙と同じ陽のみの世界であって、神が世界を陰《ネガ》のない陽のみにしたのです。つまり新ためたのです。

宇宙はプラスプラスに調和した世界ですが、その宇宙と同じ陽のみに人の身に生まれた神が新ためたのです。

神とは根本仏でもあり、宇宙創造神でもあるところの宇宙根源神ですが、この神が人の身に生まれて新ためたのです。

神が人の身に生まれるなど信じ難く、また実在していることさえ信じ難いでしょうが、神は実在し、また生まれます。神とて、必要あれば生まれ、そしてこの度、必要あって生まれたのです。

詳しくは本文でお話ししてまいりますが、いずれにしましても、すでに、明るい見通しは立っております。いま人類は行き詰まり、先の見えない状況ですが、されど大丈夫！　明るい見通しはすでに立っております。

なお、本書は悟りのシリーズ②「極めつけの悟りの歴史～22の主要な悟り」との二冊構成になっております。本書においては、神が世界を新ため、そこにおいて明るい見通しが立っていることを具体的に詳しくお伝えし、悟りのシリーズ②においては、その素となった極めつけの悟りの歴史をお伝えしております。

◎目　次

序章

はるかな深き、奥深き魂の根源より人類のみなさまにお伝えします。

それは、すでに明るい見通しは立っており、まずは大丈夫！　であるということ。


いま人類は温暖化を始めとする環境問題や核のある問題、紛争やテロの問題、エネルギーや食糧や人口問題、貧困や貧富の格差の問題、世界的金融危機や経済の悪化、そこにおける雇用問題…等、山ほどの問題を抱えニッチもサッチもゆかぬ上に、天変地異の問題もあり、不安この上ない状況ですが、されど大丈夫！　すでに明るい見通しは立っており、まずは心配ありません。

なぜなら、神が世界を新ためておいでであるからです。根本仏でもあり、根本の創造神でもあるところの宇宙根源神が問題を根絶し、そこにおいて陰陽《※ネガポジ》であった世界を宇宙と同じ陽《よう》のみに新ためておいでであるからなのです。

問題は根絶せねばらちゆきませんが、問題を根絶し、陽のみに新ためた、陰陽《ネガポジ》から陽のみに新ためておいでであるからなのです。


世界、それはこれまで陰陽《ネガポジ》でした。地球開闢《かいびゃく》、人類が地上に生まれて以来、世界は陰陽《ネガポジ》であったのです。されどそれは新たまった。宇宙と同じ陽のみに新たまったのです。

宇宙はプラスプラスに調和した世界ですが、その宇宙と同じ陽のみに人の身に生まれた神が新ためたのです。

神が人の身に生まれるなど信じ難く、また実在していることさえ信じ難いでしょうが、神は実在し、また生まれます。神とて必要あれば生まれ、そしてこの度必要あって生まれたのです。

そしてそれにはいくつかわけがありますが、一つにはこの21世紀は※新たまり、地球開闢《かいびゃく》、人類が地上に生まれて以来初めての新たまり、陰陽《ネガポジ》から陽《よう》のみに新たまるトキ※に当っており、そしてそれには「**一度個による大きな行いを要し**」、そしてそれは「**人間変換、そこにおける問題の根絶**」、これであって、そしてそれは神でなくては不可能であって、ゆえに人の身、人間に生まれたのです。

つまり問題の根、それは人間であったのです。人間が問題の根、根本であって、しかるに人間が変わる、人間が陰《ネガ》のない本来の人間に新たまり、そこにおいて問題を根絶することを要したのです。人間は本来は陽のみ、陰《ネガ》のない陽のみであって、その本来の人間に新たまり、そこにおいて問題を根絶することを要したのです。

つまり陰陽《ネガポジ》の世界、それは人間が陰陽《ネガポジ》であったからでした。人間が陰陽《ネガポジ》であったがゆえに世界は陰陽《ネガポジ》であったのです。しかるに世界が新たまるには人類の中のひとりの人、個が新たまり、そこにおける問題の根絶、これを要したのです。

それは人間にまかされておりましたが、人間にはやはり難しく、神が人間に生まれて変換し、問題を根絶したのです。

※陰陽《ネガポジ》とはネガティブとポジティブのこと、善と悪のことです。
なお、陰陽《ネガポジ》は宇宙にある陰陽《いんよう》という相反エネルギーを模《も》じったものです。宇宙にある陰陽《いんよう》は相い反してはいるけれども、補完しあうエネルギーですが、陰陽《ネガポジ》はまったく相反、相い反することをいいます。
なお、陽《ポジ》を陽《よう》とも申しております。
※新たまり・素《もと》になること、陰《ネガ》のない素になること。
※トキとは、宇宙的タイミングのこと。

なお、それは悟りとともにできました。「22の主要な悟り」をし、悟りを極め、その悟りとともにできたのです。

そしてそれは人間が無智であり、そこからの陰陽《ネガポジ》な人間であって、悟りを極めることを要したのです。悟りの主要なものは22あり、22の主要な悟りをし、悟りを極めることを要したのです。

悟りを極める、それは「神の悟り」、これであって、まだなされていなかった「神の悟り」をし、悟りを極めることを要したのです。「神とは何か」と、神を知る、悟ることを要し、そしてそれは人間の素は神であって、変わるにしても、神とは何か、神を知らなくては変われないからでした。

つまり人間はもともと神ほど、宇宙根源神と同じ相（要素）であって、変わるのは宇宙根源神ほどに変わる、陰《ネガ》なき陽、陽のみの神ほどに変換なるのであって、それには神とは何か、神を知らなくては変換できなく、ゆえに神とは何か、神を悟る必要があったのです。

神の悟りはこれまでになされておりますが、パーフェクトではない、欠けており、神をしかと悟る必要があったのです。

そしてそれは晴れて無事悟ることができたのですが、それは22の主要な悟りをしたがゆえにでき、また22の主要な悟りは問題を通してできたのです。

お金（経済）を中心にしている問題、愛が逆さの問題、地球環境破壊の問題、思想や情報《メディア》の問題、食べ物の問題、核や原発のある問題、儀式が形骸化している問題、政治体制の問題、また人間の在り様がおかしいゆえに、人類や地球のみか宇宙までが危機に陥っている問題…等々、問題に次々とぶつかり、その問題を「何んとかせん！　片づけん！」と、その原因や解決策をとことん思考したところ次々と悟った、神の悟りともなった22の主要な悟りをしたのです。

また行った、それら悟りのもと次々と行動したのですが、それは同時に神ほどの本来の人間に変換、新たまることであったのです。

また⛬《まんだら》も手に入れたのです。⛬《まんだら》は人間を根源神ほどの本来の人間に変換する霊的エネルギーですが、⛬《まんだら》も手に入れたのです。（⛬《まんだら》は略図、詳しくは後述）

∴《まんだら》は自力的に悟りを極めると手に入ることになっておりましたが、自力的に悟りを極め手に入れることができたのです。

そしてこの∴《まんだら》が手に入ったゆえに、明るい見通しが立ったのです。ひとりの人、個が新たまるのみではらちゆきませんが、誰でも新たまることのできる∴《まんだら》が手に入ったがゆえに、宇宙と同じ陽のみになれるという明るい見通しが立ったのです。

なお、それらは約20年かかりました。１９７０年〜１９８９年12月22日の約20年間かかったのですが、それは21世紀より一歩手前、10年前のことでしたが、それは先にも述べましたが、この21世紀は新たまり、地球開闢、人類が地上に生まれて以来初めての新たまりのトキに当たっており、それに間に合うべく、前もって新ためたのです。

ところで、日本が陽のみの世界、その始まりの国であるのです。神によって開かれた陽のみ世界、その始まりの国であるのです。

否、始まりの国のみでなく終わりの国、これまでの陰陽《ネガポジ》世界、その終わりの国でもあって、しかるに日本は混迷を極め、行き詰まっている、行き詰まってしまっておりますが、それは日本は終わりの国でもあるからなのです。これまでの陰陽《ネガポジ》世界、その終わりの国でもあるからなのです。

されど大丈夫！　この行き詰まりを突破するには陽のみの新しい世界、これを日本から興す。つまり神によって新たまった諸々のこと、これを日本が体現することであって、さすれば、日本は万事うまくゆきます。何もかも申し分なくうまくゆきます。

つまり神は、悟り（神の悟り）を新ため、また人間も新ためた。神ほどの本来の人間に新ためたのみでなく、お金の在り様（経済の在り様）、思想や情報《メディア》の在り様、信仰（宗教）の在り様、政治体制の在り様、教育の在り様、食べ物の在り様、性生活の在り様…等々、陰陽《ネガポジ》であった諸々のものを陰《ネガ》のない素のものに新ためておいでであって、これを日本が体現することであって、さすれば日本は万事うまくゆきます。

否、それは世界がうまくゆかねばうまくゆかない、世界とはひとつであって、世界がうまくゆかねば日本もうまくゆきませんが、日本が体現することで世界が体現し、そこにおいて日本もうまくゆく、万事うまくゆきます。

いま日本はそのようなこととも知らず行き詰まりを突破すべく根本的改革に取り組んでおりますが、改革はすでに神がなしている、根本よりなしており、改革を成功させるには神によって新たまった諸々のことを体現することであるのです。

なお、神は日本に生まれておいでです。神は日本にそのような役目があるところからも日本に生まれ、日本において世界を新ため、この日本の方々とともに世界を陽のみにすべく首を長くして待っておいでであって、この神のもとに一刻も早く駆けつけ神とともに興す、宇宙と同じ陽のみの新しい世界を興す、新しい時代を興すことであるのです。

つまりそれは時代を興すことでもあります。新しい世界を興す、それは新しい時代を興すこと、宇宙と同じ陽のみの新しい時代を興すことであって、新しい時代の幕は神がすでに開いている、1970〜1989年12月22日の約20年間で開いており、この神によって開かれた新しい時代、それを興すのが日本、始まりの国である日本であるのです。

さすれば世界は陽のみになります。始まりの国である日本が興してゆくことで世界は陽のみ、プラスプラスに調和した宇宙と同じ陽のみになります。

ところで、なぜこの21世紀が宇宙と同じ陽のみになるトキに当っていたか、ですが、それは神が諸事情を考慮してそう決めたからでありますが、21世紀初頭（2012年12月21日）にこの地球がフォトンベルトの中にスッポリ入ることを考慮して決めたのです。

つまり、いまフォトンベルトや2012年12月21日に関しての情報が出廻り、その真贋が話題になっておりますが、これは真のことであって、情報通り、2012年12月21日の真夜中に地球はフォトンベルトの中にスッポリ入り、それによっても世界は陽のみになるからなのです。

フォトンベルト、それは銀河の中心より出ている高次元の巨大な光であって、高次元の光であるこのフォトンベルトの中に地球が入ると、愛として生きる人でなくば、地球にとどまれなくなり、それによっても世界は陽のみになるからなのです。

否、愛として生きなくともとどまれますが、されどそれは苦しいものとなります。

愛として生きる人とは、

「他が幸福であることを自己の幸福とし、そこにとことん身を掛ける」

このような人のことであって、２０１２年12月21日の真夜中からこのような愛の人に、人は次第になってゆき、そしてそれは基盤が固まる、それによっても陽のみの世界の基盤が固まるからなのです。

つまり、世界の基盤、それは人間であって、そして陽のみの世界の基盤はこのような愛の人、愛である神ほどに新たまった人間であって、そしてこの21世紀は人間は神ほどに新たまるトキに当っており、そしてそのことを人間はその魂で知っており、そしてそれなりに新たまってきており、また個が新たまったことにより、それは万全なものになっており、また《まんだら》もある、人間を神ほどに新ためる、変換する《まんだら》もあり、そこにおいて基盤は固まりますが、それによっても固まる、陽のみの世界の基盤は固まるからなのです。

また、神がこの21世紀を陽のみになるトキとしたのは、地球は水瓶座の時代にもなるからなのです。

水瓶座、それは獅子座や山羊座、魚座など、天《あま》の川には12の星座がありますが、その12の星座の一つであって、地球はこの12の星座の影響を２０００年間ずつ受けており、つまりそれぞれの星座の影響を２０００年間受けており、そしてこの時期再び水瓶座の影響を受けるからであるのです。水瓶座、それは「純粋」「霊性」「直感」などをそのエネルギーとしており、この水瓶座の時代にもこの時期なることを知っていて陽のみになるトキとしたのです。

また２０１２年12月21日には、銀河の中心と太陽と地球が一直線にならび、それによってもよき変化が起きるがゆえに陽のみになるトキとしたのです。

つまり、神はこのような天体の働きなどによる変革が21世紀の初頭に起きることを知った上で、21世紀を陽のみになるトキとしたのです。

また、アセンションも起きることを知っておりました。アセンションということも情報が出廻り、その真贋が話題になっておりますが、このことも真のことであって、そしてそれは次元が上昇すること、他の次元にシフトすることであって、先きほど述べましたフォトンベルトや水瓶座などの天体の働きによって、２０１２年12月21日の真夜中までに（地球がフォトンベルトの中にスッポリ入るまでに）人がこの愛に新たまる、上昇《シフト》しつつある現象であって、いまそのアセンシヨンの真只中であって、このアセンションも起きることを知っていたからなのです。なお、その上昇《シフト》、アセンションは全ての人が成し遂げることはできません。

全ての人にエネルギーは送られていますが、上昇できるかどうかは、それぞれの人にかかっており、誰もが成し遂げることはできませんが、されどかなりの人が成し遂げることができ、ゆえにこの21世紀を陽のみになるトキとしたのです。

また神はアセンション後の世界にすでにしているのです。一足先にしているのです。

つまりアセンション後の世界は半獣半霊の世界であるなど、いろいろに言われておりますが、それは物質（肉体）をも疎そかにしない霊的な世界であって、神は物質をも疎そかにしない霊的な世界にしている、20年間ですでにしているのです。

物質（肉体）をも疎そかにしないとは、物や科学技術なども疎そかにしないことであり、また肉体、これも疎そかにしないことであって、そしてそれは病気にならないよう食べ物なども疎そかにしない、人間のからだにあう質のよいものを食してゆくといったことでもあるのです。

そしてその世界に神はすでにしているのです。陽のみとは物質（肉体）をも疎そかにしない霊的世界のことでもあって、神はその世界にすでにしている。20年間かけてしており、またその幕もすでに開いている、神のところですでに開いているのです。

で、あとは日本が開く、物質（肉体）をも疎そかにしない霊的世界、つまり陽のみの世界、その始まりの国である日本が開くことであって、さすればスムースに開きます。ゴタゴタすることなく陽のみの幕が開きます。

いまこれまで以上にゴタゴタしている、世界は大動乱しておりますが、それは陰陽《ネガポジ》から陽のみに移行しているからであって、——無意識に移行しているからであって、ゆえのゴタゴタ、大動乱であって、されど日本が開けばゴタゴタしないでスムースに陽のみになります。宇宙と同じ陽のみに世界はスムースになります。

さてこのように、明るい見通しはすでに立っているのです。
そしてそのキーパーソンは日本であって、日本がその使命、役割を果たすことで世界はスムースに開きます。宇宙と同じ陽のみに世界は開きます。
陽のみ、それは新しき御世、このことでもあって、新しき御世が日本によってスムースに開きます。ゴタゴタすることなく開きます。

第一章

新しき御世来たる

新しき御世、それは宇宙根源神の御世であって、これまで地上は神に代って人類を導かれていた神々が直接影響を与えておりましたが、神々の素であり、長《おさ》であり、唯一の神であるところの宇宙根源神が直接影響を与えることになったのです。

神に代って人類を導かれていた神々というのは大如来でもあり、光の大指導霊でもあるところの九次元神霊であり、そしてそれはかって、アッラーやエホバ、ヤハウェとして砂漠の民を導かれていた神でもあるところの「アール・エルランティ」、イエス・キリストの本体である「アモール」、釈迦の本体である「エル・カンタラー」、モーゼの本体である「モーリヤ」、孔子の本体である「セラビム」、ニュートンの本体である「カイトロン」、また「ゼウス」、「ゾロアスター」、「マヌ」、「マイトレイヤー」の10人の神々であり、この神々、九次元の御神霊が人類を主に導き、影響を与えておいでてでしたが、根源の神が人類を直接導き、影響を与えることになったのです。

信仰の対象も新たまった

そしてそれは信仰の対象も新たまったこと、九次元神霊から根源の神に新たまったことであって、人類は根源の神を信仰することになったのです。

つまりそれは宗教も新たまったこと、宗教はこれまで数多あり、帰依する神も分かれておりましたが、根源の神に帰依するというひとつのものになったのです。

祈りが奥儀

信仰、それは神を敬うことであり、また祈ることであって、そしてそれが奥儀、何もかもうまくゆく奥儀であって、祈りをしっかりしてゆき、また教えを生きること、祈りのみでなく教えを生きることが肝心です。

つまり祈ることと教えを生きることはひとつ、セットであるのです。

神の教えの要《かなめ》は愛

そしてその要、神の教えの要は「愛」であって、それは、

「他が幸福であることを自己の幸福とし、そこにとことん身を掛ける」

このような愛であって、この愛を人が互いに生きれば争うことなく仲良くあれますが、この愛を生き仲よくするのです。

また、この愛によって問題を解決するのです。問題は幾重にも絡みあっておりますが、その根はここに集約されており、この愛によってあらゆる問題はスピードを持って解決できます。

あらゆる問題はスピードを持って解決できる

問題は根本から解決せねばらちゆきませんが、問題の根本、それはこの愛を知らなかったことであるのです。

問題の根本、それは人間でありますが、またそれは全ての素である神を知らなかった、神とは何か、しかと知らなかったからですが、神とはこの愛であって、この愛によって解決するのです。この愛、これが神であり全ての素であって、素はどうなっているのか知らなかったゆえの問題の山、問題が絡みに絡んだ状況であって、このことを知って、この愛によってあらゆる問題を解決するのです。

問題はいまスピードを持って解決せねばなりませんが、この愛によって問題はスピードを持って解決できます。

また、鎖国も終わらせるのです。この地球、人類は宇宙の中の鎖国状態でしたが、この愛、これは宇宙の心でもあって、この宇宙の心を生きるところ鎖国を終わらせることができます。

宇宙＝物と心の世界、主なるは心

つまり宇宙は物と心の世界ですが、主なるは心であって、そして基礎・基礎の心は、

「他が幸福であることを自己の幸福とし、そこにとことん身を掛ける」

この心であって、そしてそれは愛でありますが、人類がこの愛を生きるところ鎖国は終わります。

鎖国、それは人類がこの愛を生きるまでなされることになっておりましたが、人類はこの愛を生きることとなり、鎖国も終わることになったのです。

ゆえに黒船も来ております。今様黒船もすでにやって来ております。

今様黒船時代

今様黒船、それはUFOであって、人類がそのように霊的に伸びることによって、UFOが現われUFOの持っている高度な科学技術や身体《からだ》に害のない繊維など人類に必要な物を援助してくれます。

つまり、かつて黒船が日本にやって来たように宇宙連合の母船がいまやって来ているのです。

文明開化のとき

それは只今は今様黒船時代であり、文明開化のときでもあるからなのです。

かつて日本に黒船がやって来て日本は文明開化しましたが、只今は地球レベルの文明開化のときであって、ＵＦＯは人類が物質的にも伸びるよう援助しにやって来たのです。

またＵＦＯはワープ航法も援助してくれ、そしてそれは人類も次元の波を乗り越えて他の天体にゆくことが可能なわけですが、それは人類が他の天体にゆくときでもあるからなのです。つまり宇宙連合の方々のように宇宙という国際社会、ここに貢献するときでもあるからなのです。

宇宙という国際社会に貢献するとき

いま各国はこの地上の国際社会、ここに貢献すべく国連に加盟して貢献しておりますが、只今は人類として宇宙という国際社会、ここに貢献するときでもあって、そしてそれには次元の波を乗り越えるワープ航法を要し、ゆえに援助してくれるのです。

また、いま小型のＵＦＯはよく目にしますが、これらのＵＦＯは磁場を活用して飛んでおり、この技術も援助してくれ、このＵＦＯ、宇宙連合と出会うことが人類にとって極めて肝心でありますが、日本に兆《きざし》があるところ出会えます。

日本に兆があるところ出会える

つまり日本が、

○神を信仰し
○愛を生き
○仲良くする

このように新たまることであって、日本にこの兆あるところ出会えます。

何しろ日本は始まりの国、宇宙と同じ陽のみの世界、その始まりの国であって、そしてその陽のみに世界が新たまるキーワードは人間が新たまることであって、そしてその要は神を信仰し、愛を生き、仲よくすることであって、そしてそれは日本から、始まりの国である日本からこのように新たまることであって、日本にその兆あるところ出会えます。

空洞地球の人達とも出会える

また、空洞地球の人達とも出会えます。空洞地球の人達、それは空洞の地球の中に住んでいる人達であって、この方々も宇宙の方々と同じように高度な科学技術を持っており、この方々もその技術や食べ物などを援助してくれます。

地球が空洞で、しかも人間が住んでいるなど信じ難いですが、これは真であって、いまこのことに関しての情報も出回っておりますが、人類はこのようにあちこちから援助され、物質的にも伸びるようになっております。霊的に伸びる、新たまることによって物質的にも伸びるようになっております。

宇宙連合や空洞地球の方々とは日本に兆がなくとも出会えますが、日本に兆があって出会えることがベスト、計画通りとなります。つまり、日本が起点となることがベストなのです。

何しろ日本は始まりの国であって、文明にしても日本から陽のみの文明になります。物をも疎かにしない陽のみの文明になります。

陽のみの霊文明

つまり、新しい文明、それは「陽のみの霊文明」であるのです。物をも疎かにしない陽のみの霊文明であって、そしてこの新しい文明は日本から興すことになりますが、この新しい文明を興すには神を信仰し、愛を生き、仲良くしてゆかねばなりませんが、その神への信仰、それは只今は人の身に生まれておいでの神を信仰することであるのです。

つまり只今の信仰の対象、それは人の身に生まれておいでの神であるのです。

人の身に生まれておいでの神を信仰する

神が人の身に生まれているなど信じ難いでしょうが、神は必要あれば人の身にも生まれ、そして神はこの度必要あって人の身に生まれておいでであって、この人の身に生まれておいでの神を信仰する、祈ることであるのです。
神が人の身であられる間は人の身であられる神を信仰する、祈ることであるのです。

神とは 《まんだら》

また神はいま人の身に生まれておいでですが、本来は《まんだら》、これであるのです。
《まんだら》は人間を神ほどに変換する霊的エネルギーですが、実は神でもあるのです。

また《まんだら》は、

○全ての素です。神々（諸仏）や天体、地球やその自然、火・水・土・空気の四大元素、宇宙人や人間、また、宗教、政治、哲学、法律、情報《メディア》、科学、芸術、教育、医療、スポーツ、農業、食べ物、性生活…等、全ての素です。
○宇宙の法や法則、仕組みや哲理、摂理や神理（真理）、叡智や智恵です。
○エネルギーです。思いや愛、思考などのエネルギーです。
○生命エネルギーであり、調和エネルギーであり、創造エネルギーです。
○神の教え（言葉）です。

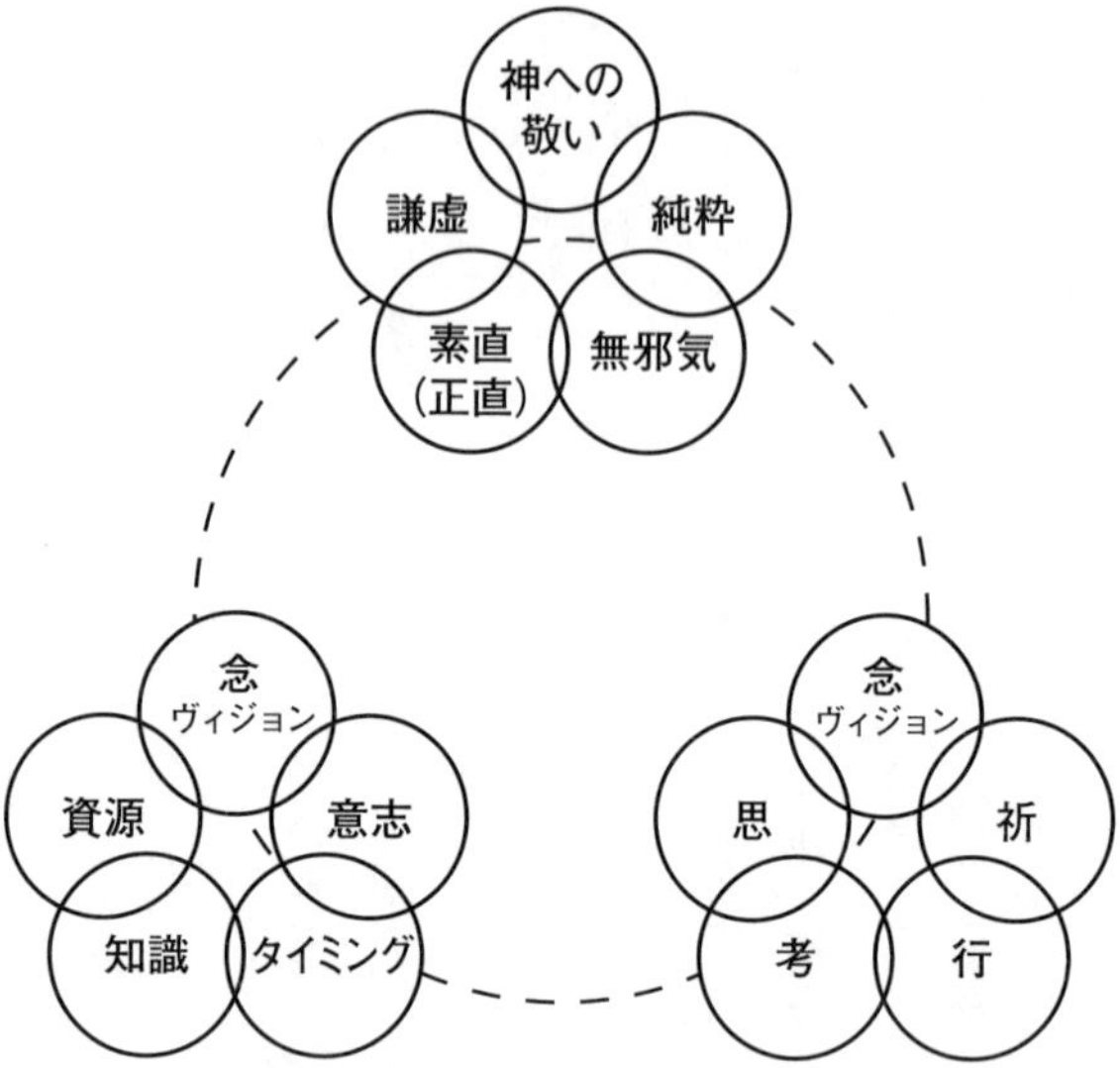

まんだら

を「まんだら」と称しているのは、は宇宙を顕《あ》かしたものでもあり、そして宇宙を顕かしたものを仏教的には「曼陀羅」とひと言でいっており、それに乗っかって、.「まんだら」と言っております。ひらがなにしているのは「金剛界曼陀羅」、「胎蔵界曼陀羅」、この二つをひとつにしたものであり、これを超えた今様曼陀羅であることを意味しております。

○悟りの極めです。これ以上の悟りはない、極めつけの悟りです。

○認識の極めです。これ以上の認識はない、極めつけの認識です。

○只今の啓示です。神より人類に与えられている啓示、只今の啓示です。

○宇宙の自然、「宇宙自然」です。

○

、

、このようにも言えます。

○また他にもいろいろ…

つまり《まんだら》は全てです。人間が考え得る全てを含んでおり、またそれ以上の全てです。

《まんだら》＝宇宙＝神

また、《まんだら》は宇宙であり、神であります。つまり、

このように、ひとつです。

軸は神

そして軸は神です。⛬《まんだら》＝宇宙＝神であり、ひとつですが、軸は神であるのです。

神（⛬《まんだら》）をひと言でいえば愛

また神（⛬《まんだら》）をひと言でいえば「愛」であって、しかもそれは、

「他が幸福であることを自己の幸福とし、そこにとことん身を掛ける」

このようなスケールの愛であるのです。

この愛、これは神の要の教えですが、神でもあって、神とはこのようなスケールの愛であるのです。

この愛、神のことを、利他愛や無償の愛、見返りを求めないで愛する愛として、また無限の愛、やめることなくどこまでも愛する愛や無条件の愛、善悪を問わず相手を丸ごと愛する愛などとして九次元の御神霊方も教えておいでですが、神とはつまりはこのような愛であるのです。

人間も、⛬《まんだら》、愛

そして人間もこの⛬《まんだら》であり、愛であるのです。人間の素《もと》は神であり、神と人間は同じ相（要素）

であって、そしてそれは∴《まんだら》であり、愛、

「他が幸福であることを自己の幸福とし、そこにとことん身を掛ける」

　このようなスケールの愛であるのです。

「**他**」とは他の人や社会、国や世界、地球や自然、宇宙人や天体、宇宙や神などの全てであって、人間はこれら全てを愛する愛であるのです。自分のことはさておいてこれら全てを愛する愛なのです。

「**身を掛ける**」とは、行うこと、この愛としてとことん行動する、生きることであるのです。また、それは物やお金も掛けることであって、また時間や智恵も掛けること、また言葉や思いも掛けることであるのです。

　そして人間がこの愛、∴《まんだら》に新たまる、生まれ変わることがつまりは世界が新たまる、宇宙と同じ陽のみになることであって、人間はいまこの愛、∴《まんだら》に生まれ変わらねばなりませんが、されどそれはなかなかのこと、極めて難しい…。

　否、ほんとうは難しくはない。それは人間の本来の姿、本質であって、難しくはないのですが、されど難しく、
　何しろこの愛、∴《まんだら》、これは

○肉《肉体》や物（お金）よりも心（愛）を主にする
○自分よりも全体や他の人を主にする
○自分よりも何よりも神を主にする

このことでもあって、されど人間は逆さ、これとは逆さになっており、この愛、∴《まんだら》にひっくり返る、生まれ変わることはやはり難しく、されど大丈夫、人間をこの愛、∴《まんだら》に変換する霊的エネルギーがあり、大丈夫なのです。

人間を変換するエネルギーがある

そしてそれは∴《まんだら》であって、この∴《まんだら》を呑み込むことでこの愛、∴《まんだら》に生まれ変わります。そしてそれはつまりは神ほどの本来の人間に生まれ変わることであって、いま人は一刻も早くこの∴《まんだら》を呑み込んで神ほどの本来の人間に生まれ変わる必要があります。

否、それは自由、生まれ変わるかどうかは人間の自由でありますが、されどいまはトキ、生まれ変わるトキであって、このトキに乗った方が万事うまくゆき、また、それは教え、神の教えでもあって…

つまり神は《まんだら》によって生まれ変わるよう教えておいでであって、この神の教えに従うことが本来の人間の在り様であり、また、自由の本質、真の自由性の発揮であって、《まんだら》によって生まれ変わる方がどちらかというとよいのです。

つまり《まんだら》、それは、

○全てのエゴが焼き切られ（焼滅し）

○神ほどの本来の人間に変換なり

○神に結《つ》ながり、その御援助を仰げる

このような霊的エネルギーであって、誰でもこの《まんだら》を呑み込むことで全てのエゴが焼き切られ神ほどの本来の人間に変換なります。

根本仏ほどにも変換なる

また、根本仏ほどにも変換なります。つまり《まんだら》を呑み込む、それは根本仏ほどにも変換なることであって、そしてそれは《まんだら》を呑み込むことで無智が焼き切られ、それとは逆さに全てを知ることになる、悟りを極めることになるからです。

つまり、無智、それはエゴの極め、エゴの極めは無智であって、そしてそれは宇宙の法や法則、

また、この世の理《ことわり》や宇宙の理《ことわり》、物事の本質などに無智ということであって、つまり、真《まこと》の理《ことわり》、神理を知らない、ということであって、されど∴《まんだら》を呑み込むことで無智も焼き切られ神理を全て知る、悟りを極めることになるからなのです。

つまり**悟り**、それは、「**神理を知り**、**それが身についた**」、いわばこういうことですが、根本仏は神理を全て知り、それが身についた存在であって、∴《まんだら》を呑み込むことで、この根本仏ほどになります。根源神ほどにもなりますが、根本仏ほどにもなります。

つまり∴《まんだら》を呑み込むことで根源神や根本仏ほどに変換なるのです。かねてより人間は神仏ほどになることを夢みて来ましたが、∴《まんだら》を呑み込むことで神仏ほどになります。しかも根源神や根本仏ほどになるのです。

なお、それは根源神のこと、根本仏とは根源神のことでもあるのです。

根源神＝根本仏

つまり根源神＝根本仏であって、神とは「**もともと在るもの**」、仏とは「**人間をして悟りをし、人間にあらざる存在になること**」であって、「**成るもの**」であり、違いはありますが、仏の素は神、∴《まんだら》という「**極めつけの悟り**」でもある根源の神であるのです。

また神は、この度人の身に生まれ、悟りを極め、根本仏にもなりおおせておいでであって、寸分たがわず根源神＝根本仏であるのです。

今様ブッダでもある

そしてそれは今様ブッダでもあるのです。ブッダといえばお釈迦さまがおいでですが、神は今様ブッダでもあって、⛬《まんだら》はバラついている釈迦の悟りをまとめたものでもあるのです。

⛬《まんだら》を呑み込むとは

「⛬《まんだら》を呑み込む」とは、⛬《まんだら》を受け入れ、胸に治め、⛬《まんだら》を一本に生きることを念《おも》う、つよく思うことであるのです。

⛬《まんだら》はグイッと呑み込む

また、⛬《まんだら》はグイッと呑み込むことが肝心です。そしてそれは疑ったり迷ったりしないで呑み込むことであるのです。

つまり素直に⛬《まんだら》を受け入れ、胸に治め、⛬《まんだら》を一本に生きることをきっぱり念う、中途半端に念うのではなく、きっぱりと念う、きっぱりとつよく思うのです。

祈りで誓う

また、誓う、⛬《まんだら》を受け入れ、胸に治め、⛬《まんだら》を一本に生きることをきっぱりと念ったら、次に誓うのです。祈りで神にその旨を誓うこと、⛬《まんだら》を一本に生きることを誓うのです。

意志を立てること

それはつまりは意志を立てること、祈りで誓うことによって意志を立てるのです。祈りで誓うことによって⛬《まんだら》を一本に生きることをしっかり意志するのです。

世界平和を念う

また、世界平和を念うのです。

世界の平和、それはかねてよりの人間の念いであり、神や神々の念いであります。そしてそれは⛬《まんだら》の中にありますが、敢えて念う。世界平和を念うのです。

世界平和、それは神の御世や神の国、陽のみの世界のことであり、またユートピアや地上天国、仏国土のことでもあり、世界平和を念うことは神の御世や神の国、陽のみの世界やユートピア、地上天国や仏国土、また、地球、それは地球の平和を念うことであり、全と個、そのどちらものの平和、幸福を念うことでもあります。

ひとまずである

なおそれは**ひとまず**であるのです。つまり⛬《まんだら》を呑み込むことで神ほどの本来の人間に変換なるのですが、それは**ひとまず**であるのです。されど⛬《まんだら》を生き始めることによって、神との結ながりはキープされ、その御援助のもと⛬《まんだら》を一本に生きることができ、あらためて神ほどの本来の人間で在れます。

⛬《まんだら》を一本に生きること＝《イコール》神ほどの本来の人間で在れることですが、それは神の御援助あってこそ可能であって、神の御援助のもと、あらためて神ほどの本来の人間で在れます。

その出来高はそれぞれの工夫、努力、また素質にもよりますが、あらためて神ほどの本来の人間で在れます。

人間は神ではない、神より生まれた神の肉もつ分霊であり、子であり、神のおもいによって生かされてもおり、神あっての人間であって、神と人間は違う、決定的違いがありますが、さりとて質は同じであって、あらためて神ほどの本来の人間で在れます。

⛬《まんだら》という神と同じ質、要素で在れます。

エゴとは

エゴとは無智を始め、怒り、怖れ、不信、無関心、怠惰、嘘、ひがみ、ねたみ、傲《ごう》慢、無信仰、自分中心、人間中心、物（お金）中心などの陰《ネガ》な思いや考えですが、これら全てのエゴが∴《まんだら》を呑み込むことで焼き切られます。

されどもすぐまた生まれる。エゴとはこしゃくなモノであって、すぐまた生まれ、陰《ネガ》な思いや考えをしてしまいますが、されどやっつけることができる。真剣に∴《まんだら》を生き始めれば神の御援助があり、エゴのない神ほどの本来の人間、自分で在れます。

九次元神霊や全ての神仏にも直結

また、それは全ての神仏に結ながります。つまり∴《まんだら》を呑み込めば根本仏でもあるところの根源神のみでなく、この地球霊域全ての神仏に結ながり、中でもとり分けトップである九次元神霊へ結ながります。

九次元神霊はこれまで神に代わって「神」として人類を導かれた大神霊、大如来であって、これまで人間をしたことのある人格神であり、10で一つの御霊《みたま》、1でありながら10の霊によってなる大神霊であられ、モーゼやイエスもこの神より援助され、釈迦もこの神の援助あって悟りができ、また悟り後も援助されており、また、孔子やニュートン等もこの神の援助を受けており、また、砂漠の民もアッラーの神として援助されており、マヌの法典にしてもこの神より出ており、人類はほぼこの神の影響下にありましたが、その援助も仰げることであって、このようなことはかつてない前代未聞の事です。

また、地球霊域以外の方々とも結ながります。宇宙連合や銀河連盟、空洞地球の方など、この地球霊域以外の方々とも結ながります。

また、銀河や太陽、地球や月などの天体とも結ながります。銀河や太陽、地球や月など、天体にも意識があり、これら天体とも結ながり、その御援助を仰げます。

つまり、どのような高次元の存在とも結ながり、その御援助が仰げるのです。

真剣に生きなければ切れる

なお、その結ながりは《まんだら》を真剣に生きなければ切れます。真剣に生きれば結ながりはつづきますが、ほどほどいい加減にしていると、またエゴに絡まれてしまう。せっかく《まんだら》によってエゴを焼き切っているにもかかわらず、いつの間にかエゴに絡まれ、そして結ながらない、せっかくの御縁は切れます。

根源の神とは切れることはありませんが、九次元神霊を始めとする他の方々とは切れます。根源の神は人間の素であり、親であるところから切れることはありませんが、されどいい加減にしていたのでは、もとのか細いものになります。

根源の神＝親

根源の神、それは人間の素であり、親であり、それゆえにこれまでも細く結ながり援助されていましたが、⛬《まんだら》を呑み込むことでズバッと太く結ながります。

また、それは中枢の神にも結ながり援助されます。

中枢の神

中枢の神、それは神に代わって人類を導かれている高次元の神の集団であって、地上運営委員会ともいい、九次元の御神霊を中心に構成されており、そして⛬《まんだら》を呑み込むことで九次元の御神霊を始めとする中枢の神へも結ながります。

天之御中主命《あめのみなかぬしのみこと》や天照様も神に代わって人類を導く中枢の神としてこの日本の民を導かれていましたが、⛬《まんだら》を呑み込むことで、これら神々にも結ながり、その御援助を仰ぐことができます。

根源の神＝創造神

なお、根源神は創造神でもあります。宇宙創造神ということがよく言われますが、それは宇宙根源神のことでもあるのです。

意識は天にもある

なお、神の意識は天にもあります。いま神は人の身に生まれておいでですが、意識は天にもあり、この天にある意識ともズバッと太く結ながり、御援助を仰げるのです。

そしてそれはひとまずですが、真剣に生きるところ、つまり真剣に∴《まんだら》を一本に生きるところその結ながりは切れることはありません。太い結ながりはつづき、御援助もひんぱんにあります。

∴《まんだら》を一本に生きるとは

∴《まんだら》を一本に生きるとは、陰《ネガ》のない陽のみに生きることであります。そしてそれは神ほどに生きることであり、またそれは本来の自分を生きることでありますが、つまりは愛を生きること、**「他が幸福であることを自己の幸福とし、そこにとことん身を掛ける」**この愛を生きることであるのです。

認識もって生きる

なお、それは認識もって生きることであるのです。認識、それは知っている、理解している、ということですが、この愛、これが神であり、本来の人間、人間の本質であることを認識し、そのもとこの愛を生きることであるのです。

何しろこの愛、これが神であり、人間の本質であると知らなかったゆえのこれまでの陰陽《ネガポジ》の人間であり、そこからの陰陽《ネガポジ》の世界であって、この愛、これが神であり、人間の本質であると認識し、その認識のもと、この愛を生きることであるのです。

もちろん、祈りもします。この愛を生きることと祈ることはセットであって、⛬《まんだら》の中心である祈りとともにこの愛を生きることであるのです。

祈りが⛬《まんだら》の中心

つまり祈りが⛬《まんだら》の中心であるのです。⛬《まんだら》の中心は祈りであり、またひと言でいえば愛であって、祈りをし、この愛を生きることであるのです。

この愛、これは全てを愛する愛、自分のことはさておいて全てを愛する愛であって、全てを愛するのです。他の人や社会、世界や地球、自然や宇宙や神など全てを愛するのです。

中でも極めは神、神を愛することが愛の極め、上《あが》りなのです。

神を愛することが愛の極め、上《あが》り

つまり自分よりも何よりも神を主にする、神を愛することが愛の極めであり、上りなのです。

そしてそれは⛬《まんだら》を一本に生きることであるのです。神を愛する、それは⛬《まんだら》を一本に生きることであって、それはつまりは祈りをして愛を生きることであるのです。

お電話も可能となる

さすれば結びがキープされ、御援助されるのみかお電話も可能になります。お電話、それはコンタクトのこと、通信やチャネリングのことであって、自分の方から神や神々などにお電話できます。

つまり祈りをして愛を生きるところ（《まんだら》を一本に生きるところ）、法則として、また神や神々の御援助として、霊夢という夢をひんぱんに見、また、イメージやひらめき（直感）もひんぱんにあり、また言葉もある、言葉も与えられ、また外からも何かとやって来る、そのような内側からのみでなく、外からも情報や人や物（お金）など、何かとやって来ますが、また、出掛けると出会いますが、それに重ねてお電話もできるのです。

そしてそれはとても便利な上に安心です。霊夢やイメージやひらめき（直感）など神の御援助を正しく理解することができます。神の言葉をより詳しくお尋ねすることができます。

また相談もできます。個人的、全体的相談もできますし、嘘か真か知ることもできます。

例えばこの私の話、いま私は神が人の身に生まれているなどという信じ難いことをお伝えしていますが、この私の話が嘘か真かお尋ねすることもでき、とても便利で安心です。

つまりそれはやりとりになる。一方的に言葉などを与えられるのではなく、人間の方からも質問や相談ができるのです。自分の必要に応じていつでもできるのです。

望めばすぐできる

また、望めばすぐできます。

つまり、お電話は《まんだら》を一本に生きるところいずれかならずできますが、すぐにもでき、そしてそれは人の身に生まれておいでの神が言葉をお掛けになることによってすぐできます。

例えば、《まんだら》を呑み込んだ方で電話をすぐしたいと思われる方はそのことを神に申し出れば、神がその方に言葉をお掛けになることによってすぐできます。

例えば、

「○○さん、あなたは電話がおできになりますからおやり下さい」

このような言葉をお掛けになります。するとすぐできます。すぐできなくとも、短期間でできます。全ての方ではありませんが、ほぼできます。

あらゆる存在とできる

また、電話、チャネリングは神や神々のみでなく宇宙連合や銀河連盟、空洞地球の方、また家族や友人、動植物などあらゆる存在にできます。銀河や太陽、地球や月など天体にもできます。

御先祖や自分の高次の意識にもできます。

チャネリングは魔界に通じる危険があるのでしない方がよいという意見もありますが、⛬《まんだら》を一本に生きるところ魔界へ通じるようなことはなく、⛬《まんだら》をしっかり生き、チャネリングもしっかりなさる、何かにつけてなさる方がよいのですが、⛬《まんだら》をしっかり生きる自信のない方はしない方がよく、お尋ねしたいことがあればチャネリングのできる方に尋ねてもらわれるとよいですね。

反省が肝心

また、反省が肝心です。⛬《まんだら》を一本に生きているか常に見、そうでなければ反省することが肝心です。⛬《まんだら》の中には「反省」ということも入っており、反省を怠らなければ大丈夫です。

神や神々と結ばれることが肝心

つまり、神や神々と結ばれることが肝心なのです。⛬《まんだら》を一本に生き、神ほどの本来の自分に仕上げるには、神や神々と結ばれ、御援助をいただく、このことが極めて肝心です。

何しろ自分のみでは⛬《まんだら》を一本に生きることは難しく、神や神々と結ながり、その御援助をいただいてこそ一本に生きれます。神ほどの本来の自分に仕上げてゆけます。そのための磨き練りが上手にできます。

『神との対話』を読むことが肝心

また、『神との対話』（ニール・ドナルド・ウォルシュ著・サンマーク出版）を読まれることが肝心です。

この書は天にある根源の神の意識とニール氏のやりとり《対話》を通して、神や人間の真実がとても細かく丁寧に明かされており、この書を読まれることをお薦めします。

神と一体、ひとつになること

神と結ばれる、それは神と一体、ひとつになることであるのです。人間はもともと神とは一体《ひとつ》であって、《まんだら》を呑み込み、《まんだら》を一本に生きることで神と一体《ひとつ》になるのです。

お電話（チャネリング）ができるほどにピタリ一体《ひとつ》になるのです。

最高に幸福なこと

そしてそれは最高に幸福なこと。人間の幸福、それは神と一体《ひとつ》であること、神と共にあることなのです。

人間のこれまでの不幸、それは神と別れていたからであるのです。されど只今はひとつ、ピタリひとつになるのです。お電話（チャネリング）ができるほどにピタリ一体《ひとつ》になるのです。

人の身に生まれている神と一体《ひとつ》になることが肝心

また、その一体《ひとつ》、それは人の身に生まれておいでの神となることが肝心であって、そしてそれは駆けつける、自ら神のところに駆けつけることであるのです。

また、コーチを仰ぐこと、《まんだら》を上手に生きれるようコーチを仰ぐことであるのです。何しろ人の身に生まれている神こそが最高のコーチ、《まんだら》を一本に生きれるコーチであって、神にコーチをしていただき、《まんだら》を一本に生きるのです。

さすれば地球もアセンションを成し遂げることができます。

地球もアセンションを成し遂げることができる

つまり、いま地球もアセンションしていることが情報されておりますが、情報通り地球もアセンションしており、そしてそれを成し遂げることができるのは人間が《まんだら》を一本に生きることであるのです。

《まんだら》を一本に生き、この地球を愛の星にすることなのです。

「他が幸福であることを自己の幸福とし、そこにとことん身を掛ける」

この愛のエネルギーの渦巻く星にすることなのです。

地球の使命である

そしてそれが使命、この愛のエネルギーの渦巻く地球になることが地球の使命であり、その使命を成し遂げることが地球のアセンション、次元上昇なのです。

しかるに地球が使命を成し遂げる、次元上昇を成功するためにも⛬《まんだら》を一本に生きることであって、それには⛬《まんだら》を一本に生きれるよう神にコーチを仰がれることであるのです。

何しろ神はこの⛬《まんだら》を一本に生きた、愛を生き切った経験者であって、神は御自分の経験をもとに⛬《まんだら》を上手に生きれるようコーチして下さり、この神のもとに駆けつけコーチしていただくのです。

また、その前に⛬《まんだら》を呑み込まれることが肝心ですが、神は⛬《まんだら》の呑み込み方やお電話（チャネリング）の仕方などもくわしくコーチして下さいます。

⛬《まんだら》を呑み込む、それはつまりは⛬《まんだら》を一本に生きることでありますが、そしてそれは神とピタリひとつになることであって、お電話（チャネリング）もその内できますが、神が言葉をお掛けになることですぐでき、とても効率的です。

世界も幸福（平和）になる

そしてそれは自分を幸福にするのみか、世界も幸福にします。つまり、⛬《まんだら》を一本に生きることによって自分のみか世界も幸福にします。

それはそのような人が基盤、⛬《まんだら》を一本に生きる人が世界の基盤であって、⛬《まんだら》を一本に生きることによって自分のみか世界も幸福にします。

つまり、世界の基盤は人間であって、人間が⛬《まんだら》を一本に生きることで世界も幸福（平和）になります。

心も幸福（平和）である

また⛬《まんだら》を一本に生きるところ心も幸福です。⛬《まんだら》を一本に生きる、それは物事の本質を知って生きることでもあって、そしてそれは心配なことは何もなく、心も幸福であれます。

なぜならそれは陽、プラスであるからです。物事の本質、それは陽、プラスであるのです。陰《ネガ》に見えしものもその本質は陽、プラスであって、ゆえに心配なことは何もなく、心も幸福（平和）であれます。

心が幸福（平和）であってこそ幸福（平和）

つまり、幸福や平和、それは心が幸福であってこそ、平和であってこそ幸福であり、平和であるのです。

物質的、肉体的幸福、平和はしかりながら主なるは心、心が幸福であり、平和であることであって、そしてその心が幸福でない、平和でないのは知らないからであって、まず知ること、これが極めて肝心なのです。

天変地異は地球の再生運動

そしてその知らないがゆえに不安に思っていることに経済の悪化など山ほどありますが天変地異、これもあり、そしてそれは地球がその身を再生しているがゆえに起きているのです。

つまり地球はこれまでその身を酷使してきました。人間を神や神々（九次元神霊）より預かり、身を掛けて育てた結果、自分の身を壊してしまい、いまその再生に取り組んでいるのです。身を元気にすべく取り組んでいるのであって、ゆえにその自然の運動を受け入れ、安全なところにゆけばよく、不安に思うことはないのです。

また、それがどこでいつ起きるか知ることができます。《まんだら》を一本に生きるところ、地震などの予知夢を見ることができ、また、お電話（チャネリング）をしてお尋ねすることができ、前も

って避難することができます。

地球の身をもってのメッセージ

また、天変地異は地球の身を持ってのメッセージであって、そしてそれは文明（物質文明）にからめとられた生活はほどほどにして、自然と共に暮らすことが大事ということをメッセージしているのです。

しかるにいま、文明（物質文明）のるつぼである都会の人達が田舎に引っ越しをしつつあります。まだ僅かですが、その流れが起きつつあり、また田舎の人も懐疑しています。お金や物と共に暮らす生活、物質文明生活を懐疑し、捨てていた祭りなどを回復させつつあります。また田舎を捨てた若者も帰りつつあります。まだまだ僅かですが田舎に帰りつつあります。

そしてそれは農業が回復すること、田舎に人がゆく、若者が帰るということは農業が回復することであるのです。

人間は土を捨てた、土から離《はな》れたところからも不幸が始まっておりますが、いま土に帰りつつあります。それは職を失ったところからも帰りつつありますが、地球の身を持ってのメッセージによっても土に帰りつつあります。

土に帰るトキ

つまり只今は土に帰るトキなのです。土に帰りそこにおいても安心する。幸福に生きるトキであるのです。

つまり素に戻る、工業から農業に戻るトキであるのです。農業、それは「食べれる」ということであって、人間食べることができてこそ安心、幸福であって、急ぎ農業に戻る、工業から農業に戻ることであるのです。

つまり、産業の主軸を第二次基幹産業の工業から第一次基幹産業の農業にすることであるのです。

ゆえの雇用問題

——ゆえの雇用問題であるのです。いまアメリカのサブプライム問題に端を発した世界的金融危機、経済の悪化から日本も経済が悪化し、多くの人が職を失っておりますが、それは土に帰る、農業に戻るトキでもあるゆえの現象なのです。

政府がなすべきは…

しかるに政府がなすべきことは産業の主軸を工業から農業に新ため、人が土に帰る、農業に戻るようにすることであって、さすれば雇用問題は大きく解決でき、自給率の問題も解決できます。

いま政府としても農業に人が就くべくはからっておりますが産業の主軸を工業から農業に新ためるというはからい、これが肝心であるのです。そしてその基、戦後、田舎から都会にドット人が流れたように、都会から田舎にドット人が流れるようにするのです。

「日本のなすべき農業」をする

なお、農業に戻るにしても**「日本のなすべき農業」**、これを認識し、その認識のもと農業をするのです。

「農業の理念」を持って行う

そしてそれは**「農業の理念」**、これを持って行うということであって、そしてそれは**「世界ぐるみ食べてゆくための農業」**、これであって、この農業の理念のもと日本の国のみでなく世界中いずこも食べてゆけるようにするのが**「日本のなすべき農業」**であって、さすれば世界ぐるみ食べてゆけます。
その行いは世界も見習い、いずこも食べてゆけます。

３Ｋも吹っ飛び、収穫量も多い自然農業もある

そしてそれには、さまざまな規制を取っ払うことはしかりながら、３Ｋ（きつい・汚い・危険）がなく収穫量の多い利益の上がるものでなくては人が就かない、農業に戻りませんが、３Ｋも吹っ飛び、収穫量も多く、利益の出る自然農業がいま次々開発されており、その中に趙漢珪《ちょうはんぎゅ》さんという方の開発されたものもあります。

趙さんは韓国の方ですが、日本に農業留学した際、

○耕さない

○その土地の微生物を田や畑に放つ（発酵の知恵に出会い、発想する）

○植物自身に育てさせる、人間はそのお手伝いをする。

という三つのことを学び、それを基に３Ｋも吹っ飛び収穫量も多い自然農業を開発された方で、韓国はもとより、日本でもこの趙さんの開発された農業をする人が増えております。（日本自然農業協会・ＴＥＬ・０８０・５２６３・０１４１）

また、米づくりにしても自然のものが次々開発されており、その中にあい鴨による米づくり、草とりをしているものもありますが、あい鴨による草とりはしない方がよいのです。

つまり水田には夏草が繁茂しますので、その対策に水田にあい鴨を放ち草を食べさせるのですが、さりとてそれは繰り返し、これまでの自然を壊すことによって生きてきた人間の歴史の繰り返しであって、あい鴨による草とりはやめた方がよいのです。

そしてそれは殺す、生後二年目のあい鴨は草のみでなく稲の葉を食べるほどに成長し、ゆえにそれは1回（生後1年のとき）のみで殺し、あい鴨肉として売られてゆくことになるのですが、それはこれまで自然を人間の都合で破壊してきた人間の歴史の繰り返しとなり、あい鴨による草とりはしない方がよく、また、只今は肉は食べない、玄米を主食とした穀菜食のトキであって、あい鴨による草とり、米づくりはしない方がよいのです。

農業は企業化すべきでない
農業は基準となる人間が育つ場

なお、農業は企業化すべきではありません。いま農業は企業にも解放されましたが、農業は企業化すべきではなく、そしてそれは企業は利益、これを主にしており、農業がお金もうけの場になるからなのです。

本来農業はお金もうけの場ではなく、基準となる人間が育つ場であって、百姓といわれるように百が象徴するあらゆる仕事をこなし、そこにおいてあらゆることを学べ、そして百が象徴する基準、基準となる人間に育つ、貴重な場であって、企業化すべきではないのです。

玄米を主食とすることで世界ぐるみ食べてゆける

また、玄米を主食とします。つまり「世界ぐるみ食べてゆくための農業」という「農業の理念」のもと米づくりをしますが、それと共に玄米、これを日本から食し、そこにおいて世界にも普及してゆきます。

玄米の効用はいま広く知れ渡ってきており、食す方も増えておりますが、この玄米を世界的に主食にすることによって世界ぐるみ食べてゆけます。

玄米を主にした穀菜食に戻るとき

また、いま牛や豚、鶏など、これまで食糧となっていた動物の病いが起きておりますが、それはもう肉は食べないで玄米を主にした穀菜食に食べ物が戻るための現象であるのです。

人間の身体《からだ》は穀類など植物性のものと合うようになっており、この素の食べ物に戻るトキであるゆえに起きているのです。

先駆けが日本

そしてその先駆けが日本なのです。日本がこのことを認識し、その認識のもと先駆ける。世界に先駆け、玄米を食し、農業に新ためるのです。産業の主軸を第二次基幹産業の工業から第一次基幹産業の農業に新ため、そこにおいて世界ぐるみ食べてゆけるべくするのです。

瑞穂の国ならではの責任

そしてそれは責任なのです。日本は瑞穂の国であり、そのもとより米を与えられ生かされてきた国の責任であり、使命なのです。

また、いま始まっている陽のみ世界、その始まりの国の使命であるのです。

陽のみの世界、それはプラスプラスにことがゆく、善循環の世界であって、日本が使命を果たすことで日本はもとより世界の全ての人が食べることは勿論のこと、何もかもうまくゆきます。経済的にもうまくゆきます。

いま世界的に経済が悪化し、世は騒然となっておりますが、経済的にもうまくゆきます。詳しいことは二章でお話ししますが、経済的にもうまくゆきます。

さて、序章からここまで話を進めて参りましたが、人類の状況はいまこのようなハッピーなことになっており、そしてこのようなハッピー、申し分なきことになったのもこの21世紀は新たまり、地球開闢、人類が地上に生まれて初めての新たまりのトキに当たっていたからであるのです。

第二章

21世紀は新たまりのトキ

21世紀、それは新たまりのトキであるのです。地球開闢、人類が地上に生まれて以来、初めての新たまりのトキに当たっているのです。

トキとは宇宙的タイミングであって、人間が好むと好まざるとにかかわらずやって来て、人間や人類、国や世界を引き上げてくれますが、その引き上げ、それが只今は宇宙と同じ陽のみへの引き上げであって、この21世紀からは陰陽《ネガポジ》ふたつでひとつの世界から、プラスプラスに調和した宇宙と同じ陽のみの世界になることになったのです。

陰陽《ネガポジ》とは、ネガティブとポジティブ、つまり善と悪、または光と闇、このことであって、これまで世界は善悪ふたつでひとつ、光と闇のふたつでひとつの世界でしたが、今後は善のみ、光のみ、陽のみの世界になることになったのです。

一度個による大きな行いを要した

そしてそれには「**一度個による大きな行い**」を要し、そしてそれは「**人間変換、そこにおける問題の根絶**」、これであって、つまり問題の根である人間が神ほどの本来の人間に新たまり、そこにおいて問題を根絶するという大きな行いを要したのです。

そしてそれは人間には無理でした。それは人間にまかされておりましたが、人間には無理であって、神が人間に生まれ、人間に代わってその大きな行いをしたのでした。

悟りを極めることを要した

そしてそれは無事できましたが、それには悟りを極めることを要したのです。22の主要な悟りをし、悟りを極めることを要したのです。

22の主要な悟り

①　お金の悟り
②　愛の悟り
③　あい別れにさよならの悟り
④　書くことの悟り
⑤　目に見えないもうひとつの世界の悟り
⑥　負《ふ》の悟り
⑦　生命《いのち》の悟り（結びの悟り）
⑧　儀式の悟り（秩序の悟り）
⑨　天（宇宙）の悟り
⑩　自然、その究極の悟り
⑪　夢の悟り

⑫ 食べ物の悟り
⑬ 物から心への悟り
⑭ 祈りによる病気平癒の悟り
⑮ 神と共にあることの悟り
⑯ 神の心、その悟り
⑰ 政《まつりごと》、その本質の悟り
⑱ 自力的幽体離脱による悟り
⑲ 魔、その本質の悟り
⑳ 創造、その本質の悟り
㉑ 悟りすることの悟り
㉒ 陽のみの世界の悟り

——と、このように主要な悟りは22あり、この22の主要な悟りをし、悟りを極めることを要したのです。

それは神の悟りであった

そしてそれは神の悟りでした。悟りを極める、それは神の悟りをすることであって、そしてそれは神が人間の素であり、人間が新たまるには人間の素である神を悟る必要があったからでした。

人間は神ではない、されど神の肉もつ分霊であり、子であって、そしてそれは同じ相（要素）であって、人間が新たまるには、「神とは何か」、神の悟りをする必要があったのです。

そして神とは《まんだら》であり、また愛、神（《まんだら》）をひと言でいうと「愛」であって、そしてそれは
「他が幸福であることを自己の幸福とし、そこにとことん身を掛ける」

このようなスケールの愛であって、神とはつまりはこのような愛であると、この22の悟りの旅を通して悟ったのです。

問題の根本は悟り
神の悟りの欠けが根本

つまり問題の根本、それは悟りであったのです。人間が問題の根本ですが、もっと根本は悟りであって、そしてそれは神の悟りであったのです。神の悟りがなされていないことが問題の根本、根本中の根本であったのです。

神の悟りはこれまでになされておりました。利他愛や無償の愛、見返りを求めないで愛する愛

として、また無限の愛、やめることなくどこまでも愛する愛や無条件の愛、善悪を問わず相手を丸ごと愛する愛などとして悟られておりましたが、されどそれはしかとは悟られていなかった。つまりピタリとした言葉には起こされていなかったのです。されどこのようなピタリとした言葉に起こすことができ問題の根本は新たまったのです。

悟りとは言葉に起こせてのもの

つまり悟り、それは言葉に起こせてのものであって、言葉に起こせぬものは悟りとは申せませんが、言葉に起こせた、このようなピタリとした言葉に起こせ悟りも新たまったのです。

そしてその悟りが新たまったところから人間も新たまりましたが、お金も新たまりました。お金が極めて問題でしたが、お金も新たまったのです。

お金も新たまった

つまりそれはお金から心によって安定することになったのです。これまで人はお金によって安定してきましたが、そのお金も廻ってくる心によって安定することになったのです。お金も廻ってくる高みある心があり、その心によって安定することになったのです。

つまり、お金は道具、人間が安定するための道具であって、お金では真に安定しませんが、只今はお金ではなく心、**お金も廻ってくる高みある心によって安定する**ことになっているのです。

つまり、高みある心、それは、

「他が幸福であることを自己の幸福とし、そこにとことん身を掛ける」

この愛、心であって、この心で互いにあればお金も互いに廻り、安定しますが、只今はお金から この高みある心によって安定することになっているのです。

お金の流れもチェンジしている

つまりそれは、お金の流れもチェンジしていることであって、只今はお金はこの心の方向に廻る、流れることになっております。

そしてそれには**政治が音頭を取る、政治がなんといっても力であって、政治がこの心の音頭を取り、この心の方向にお金が廻るべくしてゆく**のです。

そして、企業もこの心の基にやってゆくことになります。企業の利益より社会や人、環境の利益を優先してゆくことになります。この心の基、社会や人、環境等によい物をつくり、そこにおいて利してゆくことになります。

しかるに、

○銀行もこのような企業にお金を廻します。利潤よりもいかほどこの心の基、よい物をつくっているか、つくろうとしているかを基準に融資等をしてゆきます。
○また企業もそのような銀行と取り引きします。
○また国民もそのような企業の物を買い、そのような銀行に預金します。
○また銀行はそのような国民に融資します。
○また投資家はそのような企業に投資し、証券会社はそのような企業を取り扱います
○また政府はそのような市場を支えます。市場がこの心の基、活性化すべく何かと支えます。
この心の音頭を取ると共に、この心の基、市場が活性化すべく下支えします。
つまり、それは左図のようになります。

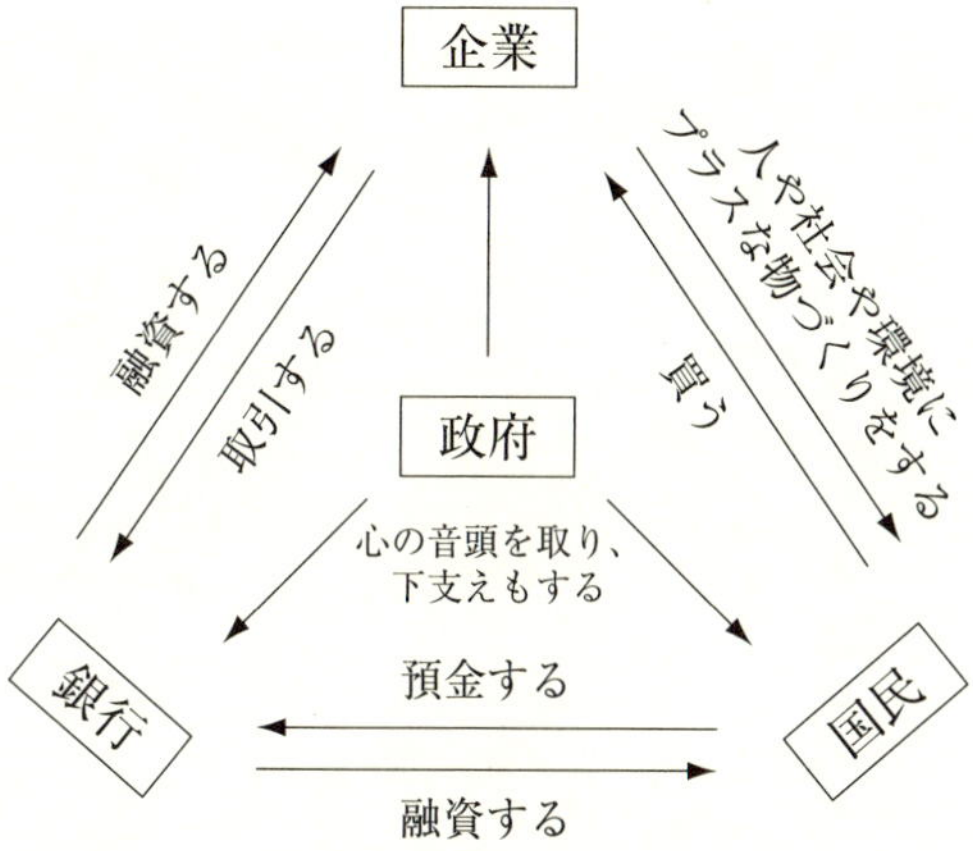

投資家はそのようなプラスな企業に投資し、証券会社もそのようなプラスな企業を取り扱います。

そしてそれは、経済はこの心、愛による経済となります。この愛による循環経済、誰も、いずこも潤おう経済となり、また、社会の中心も経済からこの愛、心になります。これまで経済、お金が社会の中心でしたが、今後はこの愛、心が中心となります。

つまり、お金を中心に社会は廻っておりましたが、今後はこの心が中心となり、この心の基、お金は廻る、経済は廻ります。

資本主義は終わっている

つまりそれは資本主義は終わっているのです。これまでは資本主義をもとに経済システムは築かれておりましたが、只今はこの心をもとに経済システムを築くことになっているのです。

そしてゆえの金融危機であるのです。突然に世界的金融危機が起き、世界的に経済は悪化してしまいましたが、それは資本主義をもとにした経済システムは終わっているゆえに起きたのです。

世界的金融危機、経済の悪化はアメリカのサブプライム問題が原因となっておりますが、真の原因は資本主義をもとにした経済システムは終わっているがゆえに起きたのです。

しかるにこの問題を解決するにはこの心をもとに世界的経済システムを築くことであるのです。

悪化した経済の手当にアメリカや日本など、莫大な財政出動をしましたが、お金による手当はいっときのことであって、手当すべきは新しいシステムを築くこと、この心をもとにした新しい経済システムを築くことであるのです。

　また、いずれはお金もなくしてゆくのです。古代物々交換であったようにこの心のもと物を循環させるのです。お金はなくとも必要なものが手に入るようにするのです。

温暖化も解決できる

　また、この心によって温暖化も解決できます。いま温暖化を解決すべくCO_2の排出削減に各国こぞって取り組むべく努力がなされておりますが、この高みある心によって解決できます。

　つまり、温暖化の根本原因は各国が物によって安定すべく「我先きに開発に走ったがゆえ」であって、温暖化を解決するには「その物（お金）さえ廻ってくる心によって安定すべくしてゆく」のです。

　つまり「この心のもと各国互いに物を取り交わし、お金を廻し、物質的経済的に互いに安定する」のです。

　さすれば、これまでのように我先きに開発に走ることもなく、開発途上国にしても温暖化を無視してまで開発や生産をしなくてもすみます。CO_2の排出削減に素直に取り組むことができます。

　温暖化を解決するには先進国はもとより、途上国もCO_2の削減をしなくてはなりませんが、削減に素直に取り組めないのはまだ安定していない、物質的経済的に安定していないからであって、されど、この心のもと物やお金が廻ってくれば素直にCO_2削減に取り組めます。

それにしても温暖化を解決するにはCO_2を排出しない、しかも安全で安定したエネルギーを要しますが、それも人類がこの心を生きるところ手にできます。

CO_2を排出しないクリーンで安定して供給できるエネルギーとしては原発がありますが、原発は安全ではなく、また、原発に代るエネルギーとして太陽や風力などの自然エネルギーがありますが、この方は安定して供給することができ難く、エネルギーをなんとかしなくてはなりませんが、人類がこの心を生きるところ原発を超えた理想のエネルギーを手にすることができます。

温暖化はCO_2の排出のみでなく太陽の活動が活発になっているところからも起きておりますが、CO_2の排出からも起きており、CO_2の排出削減に取り組まねばなりませんが、それにはこの心を各国が互いに生きることなのです。

政治体制も新たまった

また、政治体制も新たまりました。政治体制も新たまる必要があって、政治体制も新たまりました。

宇宙にある△に新たまりました。

△、それは霊的ヒエラルキーのことであって、そしてそれは指導体制のことであって、宇宙には根源の神を頂点とする指導体制がありますが、それは霊的に優れた者が上に立つ体制であっ

て、宇宙は霊的に優れた者が上に立つタテ社会、そこにおけるお〇の世界、申し分なく調和している世界ですが、地上もこの△、根源の神を頂点に頂き、霊的に優れた者が上に立ち、そこにおける〇、申し分なく調和した世界になります。

霊的に優れた者とは、つまりは神ほどにより実った人のこと。もしくは高次の神の位より生まれ、その本来の自己に回復した人のことであって、そのような人が上に立つ、長《おさ》となるところ和気あいあい、あの高天原物語の世界のようになります。あの高天原物語は、

このようなタテ社会、天照を頂点にその天照に代わって政《まつりごと》をするスサノオ、そのスサノオを長《おさ》にワイワイガヤガヤ神々がなごやかに渡りあっている世界ですが、この地上も根源の神を頂点に頂き、霊的に優れた者が上に立ち、つまり議員などになり、人々も霊的に優れた人になってゆきます。神ほどにより実ってゆきます。

△《霊的ヒエラルキー》とは政教一致のこと

そしてそれは、つまりは政教一致、この体制となることであります。宇宙にある△《霊的ヒエラルキー》、それはつまりは「**祭政一致**」や「**政教一致**」、このことであって、宇宙が根源の神を頂点にした△

であるように地上も根源の神を頂点に頂く△になります。**根源の神を立て、根源の神の教え、ヴィジョンを政策の柱とし、根源の神に代わって霊的に優れた者が司る、政《まつりごと》をする体制となります。**

政治体制が政教一致になるなど信じ難いことですが、されどそうなり、そうなってこそなにもかもうまくゆきます。

なにしろ人間は神と結ながり、その御援助を仰げてこそうまくゆく、行き詰まることなくうまくゆき、ましてやこの度は宇宙根源神と共の政《まつりごと》であって、文句なくうまくゆきます。

民主主義体制ではらちゆかない

今、政治体制は民主主義体制の流れとなっておりますが、人間の知恵の重ねである民主主義ではらちゆかなく、新しいものが模索されておりますが、それはこれ、その民主主義や政教一致（イスラムの政教一致）、また、共産主義や社会主義等々を含む「**根源の神の次元の政教一致**」であって、あとは日本が体現するところ世界が体現し、世界は同じひとつの体制となります。

そしてそれは、すでにでき上がっております。その素である△、霊的ヒエラルキーがすでに人の身に生まれておいでの神のところで僅かな人数をもってでき上がっており、あとは日本が体現し、世界が体現する、そのような運びとなっております。

日本は終わりと始まりを担う国

なぜ日本か、それは、日本は終わりと始まりを担う国、「**陰陽**《ネガポジ》**ふたつでひとつの世界**」、その**終わり**を担い、また始まり、「**宇宙と同じ陽のみの世界**」、その**始まり**を担う国であるからであって、日本が体現してこそ世界も体現します。

そしてそれゆえの日本の行き詰まり、先の見えぬ状況であるのです。

今、日本のみか世界も行き詰まり、先の見えぬ状況ですが、日本はとくにそうであって、民族の終焉を意味する少子高齢化が先進国の中で最初に起きているなど、日本はとくに行き詰まり、先の見えぬ状況ですが、それは陰陽《ネガポジ》ふたつでひとつの世界、その終わりを担っているからであるのです。

ゆえにそれを突破するには担う、いま始まっている新しき世界、宇宙と同じ陽のみの世界を担うことであるのです。世界は神によって宇宙同様プラスプラスに新たまっている。あらゆる問題は神のところで解決しており、その解決なったところからスタートする、新たまったそれを体現することであるのです。

またそれは体現しつつあります。それとは知らぬまま体現しつつあります。

知らぬままに体現している

例えば、先ほどお話ししました新しい経済システムをそれとは知らぬままに体現しつつあります。政府が「心の音頭を取る」という肝心要のところは抜けておりますが、新しいものになりつつあります。

また、政治体制にしても体現しつつあります。つまり新たまったものに体制、政治体制があり、そしてそれは根源の神の次元の政教一致に新たまっておりますが、それも体現しつつあります。そのようなこととは知らぬままに体現しつつあります。

そしてそれは創価学会を選挙母体とする公明党がすでに政権入りしております。政教一致の体制、それは宗教と政治がひとつになることですが、公明党が政権入りしていることで宗教と政治はややひとつになっております。

また浄化、議員の方々が次々と浄化されていっております。新しい体制、それは議員は神ほどにより実のり、神にも結ながり、自分のことはさておき国民や国に尽くしっ切る人であり、また、嘘や詭弁、収賄…等々をしない人であって、それゆえに議員の方々も浄《きよ》まっていっております。

また、まもなく（8月30日）、政権選択を争点とする選挙が行われ、本格的に二大政党になりつつありますが、それは新しい体制においては二つの党によって競われる、どちらが神の出された策、それを上手に具体化するか競いもする体制であるからなのです。

また社民党と共産党が先の選挙で議員数を急激に減らし伸び悩んでおりますが、それは神を否定した社会主義、その流れを汲む党であるからであって、只今は神を否定していては伸びないのです。両党は護憲を唱えるよい党ですが、神を否定していては伸びません。

降ろすのは「政教分離」、平和憲法は守る

ゆえに宗教と政治を分けている「政教分離」の法を改めねばなりませんが、そのようなことは知らぬところから「平和憲法（九条）」を改める動きがありますが、されど改めるのは政教分離であって、九条は守らねばなりません。

九条、それは平和のシンボルであって、そしてそれは日本から、平和は日本から興るがゆえに、日本が平和の盟主であるゆえに、アメリカの手を通し天が与えしシンボル、平和のシンボルであって、軽々に扱ってはならぬものなのです。

日本は平和の盟主

日本、それは平和の盟主でもあります。陽のみの世界、それは平和な世界、世界平和のことでもあって、そしてそれを担うのは日本、その古《いにしえ》より和を心とする日本であって、日本がその古より和を心としていたのは、また非戦を誓った九条が日本の憲法となったのは、日本から平和が、

世界平和が興るがゆえ、興せるがゆえであって、そのシンボルである九条を決してないがしろにしてはならず、またそれは心の平和、世界の人の心の平和、そのシンボルであって、九条は絶対厳守せねばなりません。

心の平和が平和の要

つまり平和、それは心の平和、心が平和であることが肝心、要であって、そしてその糧、シンボルが九条であって、日本は世界の人の心の平和、それを守るためにも九条を厳守し、また九条の基、平和裏に世界を平和にしてゆかねばなりません。

平和裏な世界平和は可能

平和裏な世界平和、それは戦いをすることなく平和な手段で世界を平和にしてゆくことですが、そしてそれは、これまでは不可能でしたが、只今は可能、日本によってそれは可能となっており、そしてそれが世界への貢献であり、また、アメリカへの貢献であって、また北朝鮮に対する防衛、北朝鮮の脅威を回避する道でもあります。

いま北朝鮮が日本の脅威となっておりますが、それを回避することはでき、そしてそれは政教分離の法を改め、体制を新ためつつ北朝鮮を援助する、困っていることに手を差しのべてゆくことであるのです。さすれば北朝鮮も変わってゆきます。日本をミサイルで脅すようなこともしなくなります。

北朝鮮は何かと日本を脅しますが、それは経済的援助が欲しいからであって、そしてそれは食べ物もなく困っているからであって、その困っていることを救ってゆく。助けてあげつつ、体制の新方向を身を持って示してあげるのです。

身を持って示すとは、日本の体制を政教一致に改めてゆくことであって、さすれば北朝鮮もいずれ政教一致になります。根源の神の次元の政教一致になります。

つまり北朝鮮が困っている・困窮の根本の原因は、神を否定した社会主義の流れを汲むチュチェ思想の国であり、またその思想さえもおざなりにしているからなのです。

つまりチュチェ思想、それは「人間の優れた者が長《おさ》になる」、いわばこのような思想であって、そして優れた人とは民に尽くす人、民を幸福にするために自分を使い切ってゆく人ですが、この思想さえもおざなりにしているからなのです。

神を否定していても、せめて人間の優れた者が長となる、という思想を生きるならさほどなことにはなりませんでしたが、思想さえもおざなりにしているからなのです。されど日本が体制を政教一致にしてゆくところ北朝鮮もしてゆきます。

北朝鮮が政教一致の体制にしてゆくなど信じられぬでしょうが、日本がしてゆくところ、北朝鮮もしてゆきます。北朝鮮とて体制が政教一致になるトキであって、その始まり《政教一致》の国である日本がしてゆくところ北朝鮮もしてゆきます。

いま北朝鮮に対して「対話と圧力」という陰陽《ネガポジ》の手段が取られておりますが、陽のみの世界、その始まりの国である日本の取るべき道は陽のみ、和のみであって、そしてそれは先きに挙げたような手段であるのです。

つまり日本の体制を政教一致にしつつ、経済的に援助してあげるのです。米など食べ物をどしどし送ってあげるのです。

知らぬがゆえの逆さの道

そしてそのような手段、道があることを御存知ないがゆえに、北朝鮮の脅威を回避すべく先制攻撃を可とする法もつくられ、九条の改憲もなされようとし、また、イラクへの派遣、世界やアメリカに貢献すべく自衛隊も数年イラクに行きましたが、それは日本の取るべき道ではなく、そのイラクをも含めた世界の平和、世界を平和裏に平和にしてゆくことが日本の道であって、日本はアメリカの支援のもと、丸腰の平和づくりに汗流さねばなりません。

アメリカの支援、それはこれまでどおり日本を守ってもらうこと、日米同盟の基しっかり守ってもらうことであって、そしてそれは不安、丸腰による平和づくりは不安であって、アメリカが守ってくれることで安心して行えます。北朝鮮にしても手出しできなく、そのための行い《世界平和》を安心して行えます。

世界平和、それは争いがないばかりか物質的にも豊かにあれること、貧富の格差もなく誰も、いずこも潤うことですが、日本の行いによってそれが可能となります。されど、それは丸腰、それは一切の戦いを放棄したところからのものであって、そしてそれは不安でありますが、されど安心、世界一の武力を誇るアメリカが後方で睨みを効かしてくれていれば安心して行えます。

また、それがアメリカの道、日本が安心して平和づくりができるべく支えてゆくのがアメリカの道、アメリカの取るべき新しい道であって、ゆえに日米同盟も見直されなくてはなりません。

日米同盟は「平和裏」に「世界を平和にするため」のものに見直す

そしてそれは、

「丸腰で平和づくりを行う日本をアメリカが守る」

いわばこのような中身のものにすべきなのです。

アメリカも日本も戦わずとも平和は可能であることを知らぬところから、日米一体となって戦うための同盟に再編されましたが、それは逆さであって、日米は同盟を見直さなければなりません。

日米が一体となって戦うことになったのはアルカイダによるテロ（同時多発テロ）がきっかけですが、テロにしても、戦わずして断てます。それは信念と信念のぶつかり合いであって、ぶつかり合いを断つことができます。

ぶつかりあいも断てる（終わる）

つまり片や民主主義を信念とし、片や政教一致、アッラーの神の次元の政教一致を信念としており、その信念と信念のぶつかり合いであって、されどそれはどちらも終わっている。それはどちらも終わり、そのどちらをも含む政教一致、根源の神の次元の政教一致、この体制のときとなっており、日本がこの体制を立ち上げるところ、ぶつかり合いは終わります。

またアメリカがテロにあわぬためには、アメリカが一刻も早く変わることです。

アメリカが一刻も早く変わること

アルカイダがアメリカを狙うのは、信念を押しつけ、イスラムの伝統であるアッラーの神の次元の政教一致、これを民主化によってないがしろにしてきたからでありますが、それだけではなく自分の利をなによりも優先し、世界をますますその方向に向かわせ、貧しい国や民を生む要因となっていたからであるのです。

つまり、世界は他の利よりも自分の利を優先し、自分が利するべく政治力や軍事力、経済力や文化力、情報力などなにかと力を発揮し、強き者は栄え、弱き者は貧しく苦しんでおりますが、その世界をますますそう在らしめていたのがアメリカであって、アメリカがそのことを反省し、イスラムの民主化もやめればアルカイダは手を引きます。アメリカを攻撃することはありません。またその民主主義、アメリカが信念とする民主主義はよいものではあるけれども、パーフェクトではなく、その民主主義を含むところの△、根源の神の次元の政教一致の時代であって、断念しても民主主義は新しい体制の中で生きます。

民主主義、それは必要があって生まれており、そしてそれは世界を一巡しますが、されど民主主義体制はすでに終わっており、これ以上は民主化をやめることです。

また、アルカイダが信念とする政教一致、アッラーの神の次元の政教一致にしても終わっており、ゆえのアメリカによるイスラムの民主化であったのですが、されど民主化によって終わるのではなくその民主主義も政教一致も含むところの根源の神の次元の政教一致が日本より立てられてゆく中、終わるのであって、民主化にこれ以上拘らぬことであります。

また、利に拘らぬ、利でもってお金でもっての安定、これを目指さぬことであるのです。つまり、アメリカが自分の利に拘ってきたのは安定をそれによって得んがためでありましたが、されどもうそのトキではない。利でもってお金でもって安定するトキではなく、そのお金さえ廻ってくる心、

「他が幸福であることを自己の幸福とし、そこにとことん身を掛ける」

この高みある心による安定、根源の神の教えでもあり、人間の根源の性格でもあるところのこの心を互いに生き、そこにおいて自利利他、共に利し、安定するトキとなっており、このトキに抗うとろくなことはなく、(ゆえのサブプライム問題であり、アメリカの失墜、経済的失墜である)、素直に断念することです。

いまアメリカはイスラムの伝統を尊重し、弱き者に手を差し述べる大統領となり、いま述べた方向に変化しつつありますが、アメリカがスッキリと、しかも早く変るには日本が急ぐ、日本がそのアメリカの支えのもと平和づくりを急がねばなりません。

日本が平和づくりを急ぐ

つまり、平和裏な平和づくり、その柱となるのは△、根源の神の次元の政教一致であって、日本が体制を政教一致に新ためつつその教えやヴィジョンを実行する、体現してゆくことであるのです。その教えやヴィジョンは人間に生まれている神によってすでに出されており、体制を新らため方々それらを体現してゆくことであって、

さすれば

世界も体現し、

世界は、平和裏に平和になります。

争いの主な原因は、政治体制の違い、宗教、民族の違い、また貧富の格差等であり、また人間、人間がきわめて主な原因ですが、日本が平和づくりを進める中、人間も変わる、神ほどの本来の人間に新たまってゆき、政治体制なども新たまります。

つまり、政治体制は根源の神の次元の政教一致となり、宗教はその根源の神への信仰となり、また、民族の違いもなくなります。

それは、この21世紀は、民族はひとつ、地球民族としてひとつになるときであって、そしてそうなるべく始まりの国である日本が移民を受け入れ、海外から養子を迎えるなど、具体的にひとつになってゆく運びになっているからであるのです。

そしてそれはすでに始まっている。そのこと知らぬまま日本はいま多民族国家になりつつあります。いま海外から多くの人がさまざまな目的で来ていますが、それは、日本から地球民族になってゆく運びになっているからであるのです。

多民族国家にはアメリカがすでになっておりますが、それは暴力や争いごとなど陰《ネガ》がありますが、日本は陰《ネガ》のない陽のみ、その高みある心のもと陽のみの、和のみの多民族国家となります。

また、貧富の格差もなくなります。

貧富の格差もなくなる

貧富の格差、それはつまりは他国の利より自国の利を優先するからであって、ゆえに自国の利より他国の利を互いに優先するところ自利利他、共に利し、貧富の格差はなくなります。

そしてそれは国益、これを無視することであります。国益、国益といま国益に拘ることが善きことのように思われておりますが、国益よりも他国の利益、これに拘る、互いに拘ることであって、さすれば互いに利し、争うこともありません。

各国が国益を無視するなどありえないと思えますが、日本が率先する、日本から国益を無視して各国と渡り合ってゆくところ各国も見習います。自国の利よりも他国の利を優先します。

そしてそれはトキ、国益を無視するトキであって、また、すでにチェンジしています。人間に生まれておいでの神によって自利利他、共に利する方向にチェンジしており、あとは日本がクッションとなるのです。

国益重視する世界から、国益無視する世界へのクッションとなるのです。

でも、それでは日本が風邪を引かないか、日本が率先して国益を無視すると日本が干上がる心配がありますが、されどそれも大丈夫。その神の教えやヴィジョン、それは経済的にもプラス、お金も生むものであって、干上がることはありません。

それどころか申し分なく発展します。その神の教えやヴィジョンを体現してゆけば経済的にもプラス、プラスとなり、経済は申し分なく発展します。

いま日本経済は大悪化、大きくダウンしました。されど大丈夫、神の教えやヴィジョンを体現すれば申し分なく発展します。恒久的に安定します。

思想を掲げる

また、思想を掲げる。自利利他、共に利する思想を身ごと掲げ、世界のルールとしてゆくところ、これまた干上がる心配はありません。各国もこのルールのもと自分の利益より日本の利益を優先し、干上がる心配はまったくありません。

身ごと掲げる、それはこの思想を自《みずか》ら生きつつ呼びかける、この思想が世界のルールとなるべく自ら思想を生きつつ呼びかけてゆくことであるのです。そしてそれは、

「他が幸福であることを自己の幸福とし、そこにとことん身を掛ける」

これであって、これは神の教えでもあり、また、心、自利利他、共に利する高みある心でもありますが、「**調和の思想**」、「**和の思想**」でもあって、この思想を日本が生きつつ呼びかける、「この思想でやってゆこうではないか！」と呼びかけてゆくのです。

さすればそれはルールになります。それはとても「**楽**」なことであって、楽な方にやはり廻ります。つまりそれは、チェンジ、互いに競争して利を得る思想からその利益も廻ってくる思想、

自利利他、共に利する思想へのチェンジであって、そしてそれはとても**楽**、**楽々**であって、いずれ必ず世界のルールとなります。

そしてそれはグローバル化による貧富の格差、これもなくなることです。

貧富の格差はグローバル化によって拡大しており、そしてそれはアメリカの仕業であって、グローバル化によるアメリカの国益、ひとり勝ちを目指した次第ですが、もうそのようなひとり勝ち、アメリカが突出して繁栄するトキではなく、いずこの国も繁栄するトキであって、されど思想が変わらねばらちゆかず、されどそれは日本が音頭を取ることでうまくゆきます。そのための思想の音頭を日本が身ごと取ってゆくことでいずこの国も繁栄します。

またいまそれ《グローバル化》は収縮し、国内のみでやってゆく保守主義の動きもありますが、日本がこの思想の音頭を身ごと取ってゆくところ保守主義になることもありません。

それにしてもなんとアメリカは強欲、利己愛の権化《ごんげ》と思えますが、あながちそうでもなく、アメリカはなにかと他を利してもいます。

日本にしても戦後食べ物がなく困っていましたが、アメリカが救《たす》けてくれ、また、そのグローバル化にしてもよいこと、世界がひとつになってゆくことであり、よいことですが、されどもそれらは自分の利、それを目的としており、そしてそれはアメリカのせいであって、せいでなく、それは悟り、「神の悟り」が欠けていたゆえであるのです。

神の悟りが欠けていたゆえの利己愛

利己愛、それはなにもアメリカのみか世界的なこと、世界こぞって他より自分の利、これを優先しておりますが、それは釈迦やイエス等神よりの方々の悟りが欠けていたゆえであるのです。

人類は、これまで神々に導かれていました。根源の神に代わって導く立場にあった神々に導かれ、また、神々は生まれていました。モーゼや孔子、釈迦、イエス等々の人間に生まれ、悟りをし、人間を導いておりましたが、その方々による「神の悟り」が欠けていたゆえであるのです。

つまり神、それは《まんだら》であり、またそれは、

「他が幸福であることを自己の幸福とし、そこにとことん身を掛ける」

このような愛であり、されどここまで悟れなかった、このようなピタリとした言葉に起こせなかったのです。

悟り、それは言葉に起こせてのものであって、言葉に起こせぬものは悟りとは申せませんが、そしてモーゼや孔子、釈迦、イエス等は神は悟った、されど言葉には起こせなかった、このようなピタリとした言葉に起こせなく、ゆえの利己愛、他よりは自分を愛し利してしまったのでした。

また、アメリカが特にそうなった、きわめて利己的、自分の利に拘るのは安定を担っていたからでした。物質的安定、それをアメリカは担っていたからであるのです。

アメリカは物質的安定を担っていた

つまり、アメリカも天よりの使命がありました。日本が陰陽《ネガポジ》ふたつでひとつの世界、その終わりと、宇宙と同じ陽のみ世界、その始まりを担っているように、アメリカも担っていました。そしてそれは安定、物質的に安定することを担っていたのです。アメリカが安定し、それを世界が見習う。世界こぞって物質的に安定するためのモデルを担っていたのです。

そしてそれは**「人間、物（お金）にても安定する」**、このことを**「悟るため」**でした。**「人間は物（お金）によっても幸福であることができる」**、このことを**「悟る」**、つまり**「体験を通して認識するため」**であったのです。

悟る、それは体験を通して認識することでもあって、体験を通して認識するためでもあったのです。

つまり人間、それはやはり精神的な者であって、往々にして物（お金）よりも心が安定、幸福であることでよしとしがちですが、それではパーフェクトではない、人間肉あるゆえに物（お金）は必然として要る。物（お金）による安定も然りであって、そのことを体験を通して認識する、悟るためであったのです。

つまり、心の安定や幸福、その極《きわめ》は神を信仰し、神と共に在ることですが、それのみではパーフェクトではない。肉ある人間は物（お金）によっても安定し幸福であるべきであって、そのことをアメリカを通して人間が知る、認識させんがための天のはからいであったのです。

物（お金）による安定は終わった

そして、それは20世紀までであって、21世紀はその物（お金）さえ廻ってくる高みある心、調和の思想でもあり、神でもあり、愛、尽くしっ切りの愛である、

「他が幸福であることを自己の幸福とし、そこにとことん身を掛ける」

この愛、心による安定のときとなっており、そしてそれを担うのが日本、**「物（お金）による安定からその『物（お金）さえ廻ってくる心』による安定」**、**それを担うのが日本**であるのです。

身を掛けるとは、その身のみでなく物もお金も掛けることであって、人が互いにこの心を生きるところ物もお金も互いに廻り、安定しますが、日本はこの思想が世界のルールとなるべく身ごと呼びかけるのです。

身ごと呼びかける、それは先ほども申しましたが、それはこの愛、思想を自ら生きつつ呼びかけること、

「この思想でやってゆこうではないか！」と、世界に呼びかけることであって、またこの思想はすでに日本も世界も生きておりますが、されどこの思想として純粋ではなく、例えば、ＯＤＡ（政府開発援助）を通して、開発途上国に援助しておりますが、されどそれは見返りを求めてもおり、

日本が見返りを求めないで援助し、そして呼びかける。世界に呼びかけるのです。さすれば、いずれ必ず世界のルールになります。

ところで、アメリカや世界を牛耳っているのは闇の支配者ともいわれている一部の富豪、ひと握りの人たちであると言われていますが、まさにその通りであって、世界がよくなるにはその人たちが変わらねばよくなりませんが、その人たちも変わります。陰《ネガ》のない本来の人間に変わる、新たまります。

人間誰しも新たまるとき

そしてそれはそのトキであると共に個が新たまった、人類の中のひとりの人、「個」が新たまったからであるのです。人間は「**人類魂としてひとつ**」であって、個の新たまりは人類全体に及び、この21世紀は誰もが新たまることになっているのです。

またいま、アセンションの真只中であって、人はいまこの愛に新たまっていっております。アセンションのピーク（絶頂期）は２０１２年12月21日の真夜中ですが、このピークに向けてその人なりに新たまっていっており、21日以降はさらに新たまります。

また∴《まんだら》もあります。∴《まんだら》は１００％人間を変換する力であって、この∴《まんだら》によって誰でもパーフェクトに新たまる、神ほどの本来の人間に新たまることができます。

∴《まんだら》は自力的に悟りを極めることで手に入った

∴《まんだら》、それは自力的に悟りを極めることで手に入りました。∴《まんだら》は自力的に悟りを極めれば手に入ることになっていましたが、人間に生まれた神が自力的に悟りを極め手に入れたのです。

自力的に悟りを極める、それは主要な22の悟りを行い、∴《まんだら》にまとめることでしたが、それはつまりは「神を悟る」ことでした。

つまり、極めなくてはならなかったのは「神の悟り」であって、神の悟りをなすまでの22の主要な悟りであったのです。

そしてそれは、悟りの新たまり、悟りが新たまることであって、それによって根本中の根本が新たまったのです。

新たまりの根本中の根本は「悟り」、
またそれは「神の悟り」

新たまりの根本、それは人間が新たまることでしたが、悟り、これが新たまることが新たまりの根本、根本中の根本でした。されど悟りも新たまりました。

悟り、それは「知る」ということであって、これまで人間は知らぬところから何かと間違いを生じてきました。

特に全ての素であり、人間の素でもある神を知らず、間違いを積み重ねてきましたが、これで間違わなくてすむ上に、万事うまくゆきます。争いもなくなります。

つまり平和は可能になっているのです。

争いの主な原因は政治思想や体制の違い、宗教、民族の違い、貧富の格差等であり、また、人間がきわめて主な原因ですが、それよりもっと根本の原因、それは悟りであって、悟りがパーフェクトになされていなかったからであって、またそれも神の悟りがなされていなかった、中途半端なものであったからであって、されどここにピタリ悟ることができ、平和は可能となったのです。

否、それは神と神の和合、合一がなされねば不可能でしたが、そのような根深い原因もすでに解決しており、平和は可能になっているのです。

神と神の和合、合一もなされた

「霊の世界における神と神の和合、合一がなされたときに世界は平安になる」と言い伝えられていましたが、そのような根深い、人間の手に負えないような原因も神であるところのその個、ひとりの人によって解決しており、平和は可能になっているのです。

神と神というのは根源の神と、その神に代わってこれまで人類を導かれて参られた神、九次元の神のことであって、この神と神は理由《わけ》あって分かれておりましたが、「書くことの悟り」をした1987年（昭和62年）にひとつになり、世界は平安になることになっており、あとは平和の盟主である日本が急ぎ平和裏に平和を興してゆくことであるのです。

日本、それは平和の盟主、平和裏に世界を平和にしてゆく立場であって、日本が興してこそ世界は平和になり、日本は急ぎ平和づくりを、国づくりをせねばなりません。

平和裏な平和づくり＝国づくり

つまり、それは国づくり、平和裏な平和づくり。それは国づくり、新しい日本の国づくりでもあるのです。

そしてその柱となるのは△《政教一致》、根源の神の次元の政教一致であって、体制を政教一致に新ためつつ神の教えやヴィジョンを実行すること。それはすでに人間に生まれておいでの神によって出され、一部はそこよりスタートしており、それを実行、体現してゆくことですが、それがつまりは国づくり、新しい日本の国づくりであって、またそれは《まんだら》の国づくり、《まんだら》国の建設となります。

⛬《まんだら》の国づくり、⛬《まんだら》立国

⛬《まんだら》の国、それは宇宙と同じ国であって、宇宙は根源の神を頂点とした△《霊的ヒエラルキー》、そこにおける〇、調和し繁栄しつづける世界ですが、日本は体制をその宇宙と同じヒエラルキー、つまり△《政教一致》、根源の神の次元の政教一致とし、そこにおける〇、調和し繁栄しつづける国となります。

今、政府においても新しい日本の国づくりをめざされていますが、それは宇宙と同じ⛬《まんだら》の国であり、そしてそれは神を立てる体制、そこにおける〇、調和し繁栄しつづける国であるのです。

調和と繁栄の素は神

なにしろ神が素。全ての素は神であって、調和と繁栄も神が素であって、神をおざなりにしてはなにごともうまくゆかない。うまくいったとしても必ず行き詰まり、**行き詰まることなくうまくゆくには神を立て、その教えやヴィジョンを実行、体現してゆくこと**であるのです。

そしてそれは、

〇⛬《まんだら》による人創り、神ほどの人創りをする。

○新しい祭りを興す。
○玄米を主食とした穀菜食にする。人間はもともと穀菜食であって、玄米を主にした穀類や野菜、ナッツや果物、チーズなどの乳製品、海草や魚介類などの食事にする（魚は食しますが、その消費は減ってゆきます）。
○男と女の在り様は、……
○性生活は、……
○憲法は、……
○経済は、……
○教育は、……
○医療は、……
○情報《メディア》は、……
○農業は、……

等々、さまざまな教えやヴィジョンが出され、すでにその一部は神のところでスタートしておりますが、これらを実行、体現してゆくことであるのです。

それらを実行、体現することは無数にある国内の問題、また、テロや核、環境問題やエネルギー問題など**「あらゆる問題を同時に解決できること」**でもあって、急ぎ国づくりを始めることです。

あらゆる問題を同時に解決できる

いま**問題は同時に解決せねばらちゆきません**が、それには神の教えやヴィジョンを日本が実行、体現してゆくこと、このもとに国づくりをすることであるのです。

特に先ず取り組むことは「**人創り**」、これであって、そしてそれは基盤、人が国の基盤であって、⛬《まんだら》の国には⛬《まんだら》の人、神ほどの人、これであって、国民が⛬《まんだら》を呑み込み、神ほどに自分を創むべくしてゆくことであるのです。

またそれと共に「**祭り**」を興すことが極めて肝心ですが、それはこれまでにない新しいものであって、詳しくは後ほど述べますが、祭りを興すことが極めて肝心です。

（神の教えやヴィジョンの一部を「地上問題解決策集」として当方（あるぱるぱ）より出しておりますので、必要な方は御連絡ください。またホームページにも載せておりますのでそちらの方を御覧ください）

また、「**神を立てること**」、これを忘れてはならず、そしてそれは体制を△にすることですが、

つまりは、

から

、に新たまることであって、それは今様《いまよう》大政奉還、これを急ぐことになります。

今様大政奉還を急ぐ

つまり、かって徳川慶喜将軍が政《まつりごと》を天皇に返されたように天皇は政《まつりごと》を根源の神にお返しする。その「座」でもってその存在を証されていた宇宙根源神にお返しすることになります。天皇、それはその**「座」**でもって**宇宙には中心となる神がおいでになることを証されるお役**であり、そして、その神の御世となるまでつづく、連綿とつづくことが約束されていましたが、この21世紀、地上が神の御世になるに当たり、慶喜将軍が政《まつりごと》を天皇にお返しになったように天皇は政《まつりごと》を神にお返しすることになったのです。

天皇は只今政《まつりごと》に直接関わっておいでではなく、政《まつりごと》をお返しするというのは間違いですが、つまりは「座」、天皇の座、これをお返しするということであって、それあって開花、世界は新しい文明、その開花となります。

世界的文明開化のための今様大政奉還

かっての大政奉還、それは日本の開花、新しい文明開化となりましたが、今様大政奉還は日本のみか世界が開花、新しい文明開化となるものであって、天皇は日本のみか世界のためにも「座」の返上を急がねばなりません。

つまり、

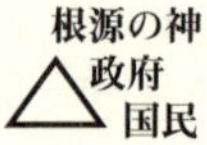

という日本の新しい体制、つまり政教一致、これは日本のみか世界各国がこぞってなるのであって、日本はその先駆け、モデルであって、政府はこのことを急がねばなりませんが、天皇も急がれる、世界のためにも急がれねばなりません。

その「座」をもって宇宙には中心となる神がおいでになることを証されるお役は、すでに昭和天皇の代で終わっており、平成天皇はお返しする、その座を降り、神にお返しするお役、お立場であられるのです。

天皇制が終わるなど、また、天皇が子々孫々御引退なさるなど、信じ難きことですが、「天皇」

のお役目は終わった以上、そうなります。また、そうしてゆかねばなりませんし、また神もお生まれになった。この日本に生まれ、悟りと共に世界を新らため、その実力をもって神に返り咲かれておいでなのです。

実力もって神に回復

つまり神はこの地上で何もしないで神として在るのではなく、神にふさわしい行いをした上で神として在るのです。

救世の行でもあった

それは人間に代って自己を変換し、そこにおいて世界を新ためた。陰陽《ネガポジ》の世界から陽のみの世界に世界を新らためた。悟りと共に新らため、人間を神ほどに変換できる霊的エネルギー（《まんだら》）を手に入れるなどの行いですが、それは救世、これでもありました。

いま巷《ちまた》で「神が実在するなら人間がここまで困っているのであるから救うはずだ」との声が聞かれますが、まさにその通り、神は救います。神こその愛、「尽くし」であって、神は１９７０年～１９８９年12月22日の20年間を掛けて救っております。

神が人の身に生まれるなど、信じ難いことですが、必要とあれば生まれます。男にも女にも生まれます。これまでも神々の場合、モーゼ、孔子、釈迦、イエス、ニュートン等々の人に生まれ、救ってきましたが、この度は、創造神でもあるところの宇宙根源神でなくては救えなく、１９４3年1月1日人の身に生まれ、齢28歳～47歳の20年間を掛けて救ったのでした。

そしてその神を立てる体制、国に、急ぎしてゆかねばなりませんが、それはあの富士山、日本の誇る富士の山のごとくになります。

富士のごとくの新しき国

つまり富士、それは頂点がなく、△の形ですが、新しい体制、国、それは実は△ではなく△であるのです。そしてそれは、神は直接政《まつりごと》をしない、政策の柱となる教えやヴィジョンを出し、それがうまくゆくべく陰《かげ》にて見守り支え、直接政治に関わることはないからであるのです。

つまり、統治しない。統治するのは人間であって、神は神の出された政策の基、国が富み、民が幸福であるべく見守り、なにか尋ねられれば応え、指導をするという表にあれど陰《かげ》なる存在、在り様であるからなのです。

つまり、神こそ人間を立てているのです。神は上として立てられはするけれども、神も人間を立て、政《まつりごと》その主導をまかせているのです。

つまり△、それはタテの体制ではあるけれども◯、互いに相手を立てる和やかな体制であって、それは△《富士》のごとし、日本の誇る富士のごとくであるのです。

世界こぞって△《富士の山》、そこにおける調和と繁栄

そしてそれは日本のみか、世界こぞって△となります。世界の各国も体制が△となり、そこにおいて調和し繁栄します。

調和と繁栄、それはいずこも望むことであり、そしてそれは体制を富士のごとくの△、根源の神の次元の政教一致にすることであって、さすれば調和もすれば繁栄もします。

調和、その極めは神と調和することであって、神との調和なくば繁栄もままなりませんが、体制を△とし、神の教えやヴィジョンを実行してゆくところ神と調和します。

そしてそれはつまりは神を立てることであって、神を立ててゆくところその繁栄は廃れることがありません。

繁栄するにはヨコとの調和、つまり、国と国、このヨコとの調和を要しますが、ヨコとも調和します。

「他が幸福であることを自己の幸福とし、そこにとことん身を掛ける」

この調和の思想、教えを国と国が互いに生きることによって調和します。

この調和の思想、これは神の教えでもあって、そしてこれは神の教えの中でも「要の教え」で

あって、また心、これは神の心でもあり、人間の根源の性格でもあって、この人間の根源の性格や神の心、神の教えを国と国が互いに生きれば仲良く調和します。

世界の統一、統合

そしてそれは統一、統合。世界は晴れてひとつに統《ま》とまります。世界の統一、統合、その術《すべ》を世界は模索しておりますが、それはこれであって、《富士》の山の体制の基、世界は統とまります。

神を中心に統とまること

そしてそれはつまりは神を中心に統とまること、この太陽系が太陽を中心に統とまっているように神を中心に統とまることであるのです。

そしてそれは親、親を中心に統とまることであるのです。

親を中心に統とまること

神、それは《まんだら》であり、そしてそれはエネルギー、思いのエネルギーでもあり、そしてそれは

現象します。思いが物質現象し、銀河や太陽など天体も、またこの地球の自然も全て神の造化であり、また、人間もしかり。人間も神の思いより生じており、そしてそれは親、神は人間の親であって、そしてそれは両親、神は人間の父であり、母であり、この父母、親を中心に世界は統とまります。

そしてその要《かなめ》となるのがその親、神をいただく日本であって、日本は世界が神を中心に統とまるべく早く要とならねばなりません。

日本が要、世界が神を中心に統とまる要

そしてそれは体制を△《富士》の山とし、神を立て、神の教えやヴィジョンを政策の柱として実行し、そこにおいて日本自身神を中心に統とまってゆくことであって、さすれば各国も見習い、世界は神を中心に統とまります。

秩序ある美しい国である

そしてそれこそが秩序ある美しい国であるのです。日本は秩序ある美しい国をめざされてもおりますが△《富士》の山の政治体制にしてゆくことが、神を中心に統とまることが秩序ある美しい国なのです。

そして日本がそのような秩序ある美しい国になる兆あるところ今様黒船が現われて申し分なく繁栄します。欠けることなくうまくゆきます。

宇宙的文明の入れこの時代（今様黒船時代）

つまりそれは、UFO。UFOという黒船であって、かつて日本に黒船が渡来したようにいまUFOという黒船が渡来しており、日本を港に地球という国、その開国を待ち詫びております。そしてその開国がスムーズにゆくのは、日本次第であって、日本が神を中心に統とまってゆく兆あるときその姿を現わし、高度な科学技術や人類が必要としているさまざまな物を援助してくれます。

待機しているUFOは宇宙連合の船であって、いま地球の上空にやって来て、開国や交流のときを「いまか！　いまか！」と待ち詫びております。次元の壁の向こうでそのときを待ち詫びております。

そしてそれは、いよいよ地球人も宇宙の仲間入り、宇宙連合の一員になるトキであるからでありますが、それは、

○**神を中心にし**（**信仰し、立て**）

○その心を生き（愛を生き）
○仲良くする

このような人、国、世界となるからであって、宇宙連合の方々やその社会は争うことなく支え合う社会、神を中心とし、その心を生き支え合う仲良き社会であって、その社会と同じ社会にこの地球社会もなるからであります。

またそれは神が地球においでになる、地球の中の日本においでになるからであって、宇宙連合の方々はこの度人の身に生まれておいでの神にお目もじすべく、次元の波を乗り越えてやって来たのです。

宇宙船には宇宙運営委員会のメンバーが乗っており、神にお会いすべく、また、交流や援助をすべく、開国のときを「いまか！　いまか！」と待ち侘びております。

なお一章でも申しましたが、宇宙連合は日本に兆がなくとも現われますが、日本に兆があることがベスト、計画通りとなります。つまり日本が起点となることがベストなのです。

地球を国と見、各国は地方ぐらいに見る時代

「地球＝国」と申しましたが、この21世紀は地球を国と見、各国は地方ぐらいに見るときであっ

て、人類は地球人として地球民族としてひとつに統とまり、宇宙の他の文明と交流する時代に入っているのです。つまり宇宙的文明の入れこの時代になっているのです。

宇宙は物と心の世界

宇宙、それは物と心の世界であって、心の世界には神々がおいでになり、物の世界には宇宙人がおいでになり、21世紀はこのどちらとも交流するときであるのです。

否、空洞地球の方々とも交流するとき、彼《か》の方々もいずれ地上に現われますが、この方々とも交流するときであるのです。

否、銀河や太陽、地球や月などの天体とも交流するとき、また、動物や植物などとも交流するとき、万物と交流するときであるのです。物の世界、心の世界、そのどちらとも交流するときであるのです。

心の世界の実在は自力的幽体離脱によって実証可能

心の世界、それはあの世とも言われる世界であって、そしてこの「**心の世界が主なる世界**」、物の世界より主なる世界であって、人間もこの「**心の世界がベース**」、故郷《ふるさと》ですが、されどその実在は実証されておらず、されど「**自力的幽体離脱**」によって実証は可能となっております。

自力的幽体離脱とはあるテクニックに基づいて自分の肉体から魂を脱けさせ、あの世とも言われている心の世界に行ってくることでありますが、そしてそれは誰れにも可能、そのテクニックに基づいて行えば誰でもでき、心の世界の在ることを自分に証すことができます。体験をもって自己に実証できます。

また、それによって**「神も実在する」**ことがわかります。魂を肉体から脱けさせ心の世界にゆけば神が実在されることは自然わかります。

また、それによって**「転生輪廻」**、これがあることもわかります。転生輪廻があるかどうか、これも定かでありませんでしたが、幽体離脱をし、心の世界に戻ればそれはれっきとしてあることがわかります。

また、人間は**「物質ではない」**ことがわかります。いま、唯物思想が主流であり、人間をただの物質と捉えていますが、人間は肉と心、このふたつでひとつの存在であって、また、主なるは心、目に見えない心が主であって、肉体はその器であることがわかります。

また、**「生命《いのち》は永遠」**であることが解ります。一度限りの生命《いのち》でないことが解ります。

自力的幽体離脱」の行い方も、『地上問題解決策集』に記載しておりますので必要な方は御連絡くださるか、ホームページに載せておりますのでご覧ください。詳しく知りたい方は直接お尋ね下さい。悟りシリーズ②においてもお話ししております。

全てが明らかになるとき

なにしろ只今は全てが明らかになるとき、宇宙のこと、目に見えぬ世界のこと、神のこと、人間のこと、生のこと、死のこと、生命《いのち》の本質、性の本質…等々、なにかとわからぬ、ハッキリとわかりませんでしたが、この21世紀は全てハッキリわかります。

なにしろ只今は幸福、パーフェクトに幸福になるときであって、そしてそれには「**知る**」ということ、「**認識する**」ということ、このことが一番肝心であり、幸福なこと。

これまでの不幸、それは無智ゆえ、肝心なことを知らなかったがゆえであって、幸福であるには知ること、認識することであって、認識を極めてゆくことですが、只今の認識の極め、それは「**神が人の身に生まれている**」、これであるのです。

只今の認識の極めは「神が人の身に生まれている」こと

これまでの極め、それは神の認識であって、そしてそれは◯《まんだら》であり、また、「**他が幸福であることを自己の幸福とし、そこにとことん身を掛ける**」

神をこのように認識することでしたが、只今は「神が人の身に生まれている」、この認識であって、そしてこのことを一刻も早く世に知らせねばなりませんが、それには「祭り」、これを興すことであるのです。
20年間に渡って行われた22の悟りの歴史、これを芝居にして祭りにするのです。

日本の栄光　祭りを興す　芝居を興す

祭り、それは神と人の契り事、豊穣を約束され、その豊穣を神へ感謝し祝う、それが祭りであって、また、その豊穣は人の豊穣…
つまり祭りは作物の豊穣を神に感謝し祝っておりましたが、豊穣の本質は人の豊穣であるのです。

もともと神の要素である人が地に降りて実る、
神ほどに実ることを人が神に約束し、また神も約束した。
人、地に降り、神ほどに実り、そこにおいて幸福になることを、
そのために手を尽くすことを約束されており、

そしてその約束通り実のった、この度ひとりの人、個が豊穣に実のりましたが、その感謝と祝いの祭りをするのです。祭りを興し神にも祝って貰うのです。

つまりこの芝居、22の悟りの芝居、これは、
神から人への祝いであり、
また人の祝い、
神ほどに実ったことへの人間自身の祝いであり、
また感謝、約束通り手を尽くして下さったことへの
神への感謝であるのです。
神であるところのひとりの人、個が実のり、
そして次々実りゆく、そのことの祝いであり、感謝、
また、神より賜わった祝い、神よりの祝いであるのです。

そしてそれは神が人の身に生まれていることを日本国内はもとより、世界に知らすこともできます。祭りを通して知らすことができ、そしてそれは日本によって行われます。神を出した栄光の国、日本が興します。

神を出した栄光の国、日本

栄光、それはさまざまな栄光がありますが、神を出すほどの栄光はなく、日本は大いに誇り、

国と民が一致団結、エネルギーを結集して祭りを興す、芝居を興してゆかねばなりません。

それにしてもなぜ日本がこれほどの栄光の国なのか。それは日本が森の国であり、緑の心意気を神に桜する国であり、民族であるからなのです。

日本は森の国
緑の心意気を桜する国

「緑の心意気」、それは、

「他が幸福であることを自己の幸福とし、そこにとことん身を掛ける」

この心であって、黙々と酸素を吐き、動物を生かしめている緑はこの心を象徴しており、日本はこの緑の心意気を神に桜する国であり、民であるのです。

つまりあの桜はいさぎよく散りますが、日本はこの緑の心意気をいさぎよく生きる、神に対してこの心、緑の心をいさぎよく発揮する国であり、民族であるのです。

つまり、この緑の心意気のもと、神に尽くす国、民族であって、ゆえに神を出すほどの栄光の国であるのです。

そして、いまその尽くし、尽くすべきは22の悟りの歴史を祭りに興すことであって、その大祭は津山で行われます。神の生誕の地、津山で祭りは興されます。

祭りは津山で興す、神の生誕の地で興す

神の生誕の地、それは津山です。岡山県の北部にある盆地、津山が生誕の地であって、祭りはこの津山において行われ、そしてそれは新しい文明、その発祥の地にもなることです。

津山が新しい文明、発祥の地

新しい文明、それは陽のみの霊文明であって、その発祥の地は津山であって、そしてそれは、津山が神の生誕の地であると共に、津山で祭りが行われるからであるのです。

ゆえに津山は人で溢れかえります。

その祭り、芝居、それは大芸術となり国内はもとより世界からも人がワンサカやってきます。22の悟りの歴史、それは感動のドラマ、この地上はもとより宇宙史上二度とない感動のドラマである上に、芝居をするに当っては神々の御援助もあり、史上初の大芸術となり、津山は人で溢れかえります。

また、それは人が安らぎ癒される極めのものであって、あのルルドの泉に世界から人が絶えまなく訪れているように世界から人が絶え間なくやってきます。

人が安らぎ、癒される極め中の極めは《まんだら》を呑み込むこと、《まんだら》を呑み込んで神ほどの本来の

自分に新たまり、神とも一体《ひとつ》になる、お電話ができるほどにピタリひとつになることですが、この芝居を観ることからもそうなってゆきます。

また巡礼もやってきます。

津山は神の生まれた聖地であって、世界から聖地参りにゾクゾクやってきます。芝居観がてらの聖地参りにゾクゾクやってきます。

それは神の生まれた聖地のみでなく、根本仏の生まれた地でもあり、津山は恒久的に賑わいます。

史上聖地というものは永遠の名所であって、人が跡切《とぎ》れることなく訪れますが、津山には世界から人がワンサカいつまでも訪れます。また、祭りであるところの芝居も永遠のロングランとなり、津山は経済的にも発展します。恒久的に潤います。

日本の経済性、その支柱となるもの

またそれは、芝居にするのみか映画やアニメにもし、また、伝記や小説や漫画、絵や音楽、童話や童謡などにもし、日本はもとより世界に出してゆきますが、それは日本の経済性、その支柱となります。

津山に人がワンサカやって来る、それは津山の経済性のみか日本の経済性にもなり、また、映画やアニメなどにして世界に出すことで、日本の経済性、その支柱となります。

日本には資源がない、されどもこのような文化的、芸術的資源があり、この資源によって日本は潤います。

この悟りの歴史、これは人がその魂で求めに求めているものであって、かならずや経済性、その支柱になります。

祭りの新しいカテゴリーである

また、それはカテゴリー、祭りの新しいカテゴリーであるのです。つまり、この悟りの歴史の芝居、これは祭りの新しいカテゴリーであって、この芝居、祭りを基に今後祭りはなされてゆきます。日本のみか世界各地でなされてゆきます。

ところで救世の地、それは津山ではなく岡山であるのです。津山は宇宙根源神の生誕の地であり、根本仏の生誕の地ではありますが、悟りと共の救世がなされたのは、また、《まんだら》が生まれたのは岡山市であって、岡山がミラクル発祥の地であるのです。

岡山が救世の地、ミラクル発祥の地

ミラクル、それは奇跡ということですが、岡山がミラクル発祥の地となることは天上界では決まっており、そしてそれゆえに神も津山から岡山に出ました。そのこと知らぬまま神は18歳のみぎり、岡山に出たのでした。

神は1943年1月1日に津山に生まれましたが、18歳のとき岡山に出て悟りと共に救世をなしたのでした。

地球が傍《かたわ》らにあって思いを掛けてくれていた

そしてそれは地球が思いを掛けてくれていたからでした。傍らにあって思いを掛けていてくれていたゆえにもなせたのです。

つまり地球の思い、エネルギーの湧く地、おヘソは岡山にあるのです。赤磐郡の熊山、この山頂に熊山神社がありますが、この神社のあるところが地球のおヘソ、つまり地球の思いの湧く場、エネルギーの出ている場であって、その地球の思い、エネルギーが掛けられていたゆえにもなせたのです。

神は極めて陰《ネガ》であった

ところで、これまで九次元の神を始めとするさまざまな神が人間として生まれ、それなりの救世をしましたが、救世には、とても豊かな家庭に生まれ学問も身につけた上での救世もあれば、貧しく学問もないところからの救世もあります。

また、もともと聖人君子のように徳があり性格もよいところからの救世もあれば、徳に欠け悪しき性格からの救世もありますが、神の場合は貧しく学問もなく、徳に欠け性格も悪しきところからの救世でありました。そしてそれはそれでなくてはうまくゆかないからでした。

つまりこのたびの救世、それはお金の流れを変えることも要しており、そしてそれには命を張る必要があったから、貧乏であったのです。

命を張る、それは死を覚悟することであって、お金の流れを変えるにあたっては死を覚悟する必要があったのです。また、それには貧乏である必要もありました。貧乏でなくては死を覚悟するシーンは生まれなかったのです。

また、貧乏であったがために「お金の悟り」ができたのです。「なぜ自分は生来貧乏なのか」、「そもそもお金とは本来どういったものなのか」と貧乏であったがゆえにお金の本質を探求し、悟れたのです。

また、救世は悟ることが主であって、悟りなくば救世はなせませんでしたが、それには学問のない方が、アカデミックな教養のない方が悟れるからでした。

悟り、それは思考の実りであって、思考が実って悟りとなりますが、貧乏であったがゆえに伝統的学問や知識に捉われることなく、その思考が自由にできたのです。

またその救世は、つまりは人間が変わることであって、人間が変わらねば世界も変わらず、そしてその人間を代表して変わるべく悪しき性格であったのです。

つまり、人間は陽《ポジ》より陰《ネガ》が多い。多くの人が徳に欠け、どちらかというと（善よりは）悪しくなっており、ゆえの悪しき性格、陽よりは陰《ネガ》の多い、徳にも欠けた人間であったのです。

つまりエゴのいっぱいある人間であったのです。

そしてそのような人間が悟りと共に神化し、救世をなすことになったのは28歳（１９７０年）のときからでした。そしてそれは問題にぶつかったからでした。

お金の問題を皮切りに愛の問題、情報《メディア》や思想の問題、地球環境破壊、核のあること、原発、政治体制、食べ物や形骸化した儀式、自由などの言葉の本質、性や生命《いのち》の本質、神は在るや無しや、在るならばどういったモノなのか…等々、次から次に問題にぶつかった。

山ほどの問題があることに気づき、また気づかされ、その問題を「なんとかせん！」と、思考し、行動し、自分を変え始めたからでした。

山ほどの問題があったがゆえの救世

28才のときまでは問題があっても気づかず、されど28才のときから問題のあることに気づかされ、また気づき、その問題をなんとかせん！　と念い、思考したところ、問題の根本、それは人間であって、人間が変わらねばらちゆかぬと、人間が変わるべくまず自分が変わっていったのでした。

世界を構成しているのは一人ひとりの人間であって、その一人であるところの自分が変わることが肝心と自分を変えつつ思考し、行動していったのです。

そしてそれは成功しました。人間を始めとするあらゆる問題は解決したのでした。否、問題の根本は悟りでしたが、その悟りを始め、人間など、あらゆる問題は、神を通してひと渡り解決したのです。

ところでその救世、あらゆる問題解決の中には宇宙も入っていたのです。21世紀になる10年前、宇宙は危機にありました。それは地球の球魂《きゅうこん》が破壊し、それが宇宙根本より狂いを発するもととなり、宇宙は危機にあったのですが、その宇宙をも救うことができたのです。

宇宙をも救う救世であった

地球、それは宇宙的里親でした。神に代わって人間を身養《みやしな》いする宇宙的里親、母であって、人類はこの母に養われつつ悟りを極め、神ほどに神化し、この地上を宇宙と同じ陽のみの世界にする目的を持っておりました。

されど神化は遅れ、宇宙の里親、母である地球の球魂が破壊寸前となっていたのです。

つまり地球には心があります、地球にも心があり、そしてそれが病んだ。人間の神化がままならず神より人間を授かり、身ごと育てていた宇宙の里親、母の心が病み、そしてそれは宇宙根本より狂いを発するもととなり、宇宙は危機にあったのです。

されどそれも救えました。「宇宙が危ない！」という天よりの知らせが廻ってきて、宇宙を救うべく思い切って、最後のエゴも捨てた。捨てるに捨て切れなかったあるひとつのエゴを捨てたのでした。

そのエゴは人類を含めた全体を救うため、なけなしの全財産を使い果たし、物質的幸せ、よろこびをなくした自己へのたったひとつのプレゼント、命のごとく大切にしていたものでしたが、それは物質的に幸福であらんとした人類のエゴ、その象徴であって、そのエゴを捨てることで神化もできる上に、宇宙や地球、人類も救える！　と、思い切って捨てたのでした。

そのエゴを、捨てると同時に神化もできるある行いを通して捨てたのでした。

その行いがどのような行いかは、四章（初めに認識ありき）においても少しお伝えし、悟りのシリーズ②で詳しくお伝えしておりますが、それが救世のクライマックスでした。それは1989年12月22日の夜でしたが、20年間掛かった救世の歴史、そのクライマックスであって、22の悟りと共に行った救世の歴史の中で最高に光を放ったものであったのです。

そしてそれは、予言をひっくり返した。人類滅亡の予言がなされていましたが、その予言をそこにおいてひっくり返したのでした。

ノストラダムスの予言もひっくり返った

つまりそれはノストラダムスの予言であって、世紀末に人類は滅亡するとノストラダムスは予言しておりましたが、その行いにより宇宙を救うと共に地球を救い、そこにおいて人類も救い、予言はひっくり返ったのです。

予言など、また、ノストラダムスの存在を信じぬ人もいますが、ノストラダムスは予言者として存在し、人類を予言でもって導く神であられ、人類はその予言どおり危機にありましたが、されどそれは神によって回避されたのです。

ところで、予言をもって人類を導く立場の神もおいでになれば、救世主という救世をなす立場の神もおいでであって、そしてそれは九次元の神であって、これまでモーゼ、孔子、釈迦、イエス等として生まれ、世を救ってまいりましたが、根源の神は筆頭救世主であって、この度の救いは筆頭救世主でなくば救えなく、女の身に生まれ救ったのでした。

神は筆頭救世主、女の身に生まれ救った

神、それは必要に応じて男にも女にも自由に生まれ、そしてこの度は女の身を必要とし、女に

生まれたのでした。

そしてそれは**「行い」**、これが救世にはきわめて肝心であったからでした。それ《救世》は悟りが要であり、また思い、「救わん！」とする思い、これがこれまた肝心でありましたが、**「行い」**、これがきわめて肝心であって、そしてそれは**「行いあって事は成る。行いなくば具体的に事は成らぬ」**からであります。

そしてそれは、女が得意としました。その行いは瞬時、瞬時に胸に湧く思い、その思いさえもよいものにしてゆく、悪しき思いならばよいものにしてゆくほどの行いでもあって、そのような細やかな行いは女でなくてはでき難く、ゆえに女の身に生まれたのでした。

否、それのみでなく、１９８９年12月22日の、クライマックスの救いには女のからだを要したからでした。また、理屈よりは実行、理屈を考える前に実行するという女の性《たち》を要したからでした。

男はどちらかというと理屈が整ってから行動しますが、女は理屈が整わなくとも行動することができ、ゆえに女の身に生まれたのでした。救いは理屈がメインでしたが、理屈が整わなくとも行動する、これも肝心であって、ゆえに女の身に生まれたのでした。

また、他にもいろいろと要しました。女の身、性《たち》を要し、女に生まれたのでした。

ところで、神はどちらにおいでになるかと申しますと、岡山市においでです。岡山県庁の傍らに在る「あるぱるぱ」、宇宙の中央であり、地上の中央でもあるところの「あるぱるぱ」においでになります。

「あるぱるぱ」は宇宙の中央、地上の中央

「あるぱるぱ」、それは「**宇宙の中央**」という意味であって、いま日本の岡山にありますが、それは「**地上の中央**」でもあります。

宇宙の中央が地上に在るのは、

○宇宙の中心であられる神が地上においでになるからであり、

地上の中央であるのは

○地上も神を中心に廻るからであり、
○また、陽のみの世界の御柱である、宇宙と同じヒエラルキー、霊的ヒエラルキーもあるぱるぱにすでに仕組まれており、
○また、地上にこのような霊的磁場が必要な時代になっているところから地上の中央である

のです。

「あるぱるぱ」はいずれ津山に移りますが、只今は岡山市に在ります。それは神が岡山においでになるからでありますが、なぜ岡山においでになるのか、それは岡山が救世の地であり、そしてそれは功労者、尽くしてくれた地であって、この地が報われるべく力を掛けておいでであるからなのです。

岡山、それは名誉のみか経済的にも大発展します。悟りと共の救世がなされた地という名誉と共に経済的にも発展します。津山同様恒久的に人が訪れ、経済的にも大発展します。

そしてそれには悟りと共の救世の歴史、それを映画やアニメにして国内はもとより世界に広め、岡山が救世のなされた地であることを知らせると共に、街づくり、救世がなされた地にふさわしい街にしてゆくのです。

つまり、街づくり。それは世界を視野にして行い、そしてそのキーワードは「《まんだら》**誕生の地・ミラクル発祥の地**」、これであって、その事実を映画やアニメを通して国内はもとより世界に知らせ、そのことを知った人々が聖地にやって来てもガッカリしないよう救世がなされた地、《まんだら》が生まれた地にふさわしい街にするのです。

つまり岡山、それは「《まんだら》誕生の地」であるのです。救世、それは悟りがメインでした。悟りがなされねば救世はできなく、悟ることが肝心要、要の行いであって、そしてそれは岡山でなさ

れ、そしてそれは岡山で誕生、∴《まんだら》は岡山で誕生したのです。

∴《まんだら》は岡山で誕生、∴《まんだら》誕生の地は岡山

ゆえに∴《まんだら》の生まれた地にふさわしい街、∴《まんだら》の息づいた街にするのです。

∴《まんだら》の息づいた街にする

「∴《まんだら》の息づいた街」とは生命《いのち》ある街のことであって、生命《いのち》とは「物と心の調和」をいい、物質的にも精神的にも満たされることをいいますが、岡山の街を物質的にも精神的にも満たされる街にするのです。

ゆえに祭りにしても神を祀るのです。鬼など、エゴなど祀らず、神を祀るのです。

祭りは神を祀る

いま、岡山では「うらじゃ祭り」として多くの若者が鬼《うらじゃ》に扮して踊っておりますが、そしてそれは鬼を讃え祀っている次第であって、鬼など祀らずその鬼、エゴを退治した女桃太郎を祀ることであります。

鬼はエゴを意味しますが、エゴなど祀らずこの岡山においてエゴを全てやっつけ、∴《まんだら》を手に

した女桃太郎、神を祀るのです。

エゴなど祀ってはろくなことはありませんが、神を祀れば何ごともうまくゆきます。神を祀ることが祭りの本来、本来の祭りであって、エゴから神に祭りをチェンジするのです。

ちなみに昔ばなしの桃太郎、あれは予知であるのです。昔ばなしには予知もあって、桃太郎のはなしは、この岡山で、神が自分の中のエゴを全てやっつけ、∴《まんだら》というお金などでは換算できない宝を手に入れることを予知していたのです。

ゆえに生命《いのち》の実が岡山の名産であるのです。生命《いのち》の実、それは「桃」であって、桃は生命《いのち》を意味しており、そしてそれは∴《まんだら》、生命《いのち》＝∴《まんだら》であって、ゆえに桃、桃が岡山の名産であるのです。

また桃は川上から流れてきましたが、神も津山という川上から流れてきました。神とは生命《いのち》であり、∴《まんだら》であり、そしてそれは桃ですが、神は津山という川上から岡山（岡山市）に流れ着いたのです。

津山のように芝居にする

また、津山のように芝居にするのです。津山が22の悟りの歴史を芝居にし祭りとするように岡山も芝居を祭りとするのです。――芝居をすることで神を祀るのです。

そして、岡山の場合は桃太郎に掛けて芝居とするのです。神であるところの女桃太郎によってエゴが退治され、∴《まんだら》という宝がこの岡山に生まれるまでの歴史を芝居にして祭りとするのです。

また、《まんだら》は神のみでなく、神々や人間の方々のお陰あって生まれており、そのこともからめた芝居、祭りにするのです。

つまりこの祭り、芝居、これは神のみでなく、神々や人間の方々を祀るものでもあるのです。

なごみの心をシンボルにする

また、街にはシンボルが要りますが、街のシンボルは「心」、物とか形ではなく心をシンボルにし、そしてそれは「**なごみの心**」、

「**他が幸福であることを自己の幸福とし、そこにとことん身を掛ける**」

このなごみの心とするのです。この心、これは《まんだら》であり、自分がなごむよりは他がなごむことをよしとする心ですが、このなごみの心を街のシンボルとし、このシンボルの基、互いに行き交い、街にやって来る人にもこの心の基、接してゆくのです。

そしてそれは「なごみの街」、この街の名称は「**なごみの街**」となり、街づくりは「**なごみの街づくり**」となります。

食べ物、着る物、建物なども生命《いのち》あるものにする

また、食べ物や着る物なども生命《いのち》あるものにします。

例えば、食べ物は肉を控え、身体《からだ》にもよい上に食糧問題も大きく解決してゆける玄米を主にし

た穀菜食にしてゆく。レストラン、食堂なども玄米を主にした穀菜食のメニューにする。

また、それは地元でできた季節のものを主に使い、生ごみは有機化して農村に届け、農村は有機肥料や無農薬で米や野菜をつくり、街に届ける。

また、着る物は、化学繊維を控え、綿、ウール、麻、絹…等自然のものにし、リサイクルはもちろんのこと着古したら裂き再生する。服やテーブルクロス、タペストリー等に再生し使い切ってゆきます。商店にしても自然のものを主に扱い、再生したものも売ってゆきます。

化学繊維、それは石油が原料ですが、石油は今後は使われなくなり、綿やウールなどの自然のものになりますが、それを先どってゆき、また、ＵＦＯとの交流によって身体《からだ》によい繊維も輸入できますからＵＦＯと早く交流できるよう祭りをする、芝居であるところの祭りを行うのです。

また、空洞地球の方々との交流によって新鮮なよい食べ物も手にでき、それには芝居であるところの祭りを行うのです。

また建物も地元にある自然の材料を主に使い、また風や光、水や緑など自然を取り入れた省エネのものにし、また街も緑や水をふんだんに取り入れ、エネルギーも自然のエネルギーにします。

――とまあ、このような生命《いのち》ある街にしてゆく、《まんだら》の息づいた街にしてゆくのです。

また、他にも《まんだら》の息づいた街にすることができます。

例えば

⛬《まんだら》を呑み込み、⛬《まんだら》を一本に生きてゆくところ病いに罹ることはほぼなく、また罹っていてもほぼ治せますが、そのような病い知らずの街にすることもできれば、⛬《まんだら》によって、政治、教育、哲学、芸術、医療、科学、スポーツ…等々あらゆる分野の先端となれます。岡山から21世紀の新しい政治や教育、芸術や哲学、医療や科学、スポーツ…等々を創み出すことができます。

なかでも人間、⛬《まんだら》一本神ほどの人を創み出すことができます。岡山は教育県を自負しておりますが、教育の要は人創りであって、それに力を入れなくてはなりませんが、⛬《まんだら》によって、神ほどの人創りができます。

⛬《まんだら》を学ぶ学校をつくる

ゆえに学校をつくります。⛬《まんだら》を学ぶ学校をつくるのです。かつて池田光政公が儒教を学ぶ学校（閑谷学校）をつくりましたが、⛬《まんだら》という極めつけの宇宙の知、叡智や神理を学ぶ学校をつくるのです（それは新しい政治、教育、哲学、芸術、医療、科学、スポーツ…等々あらゆる分野、その先端を学ぶことでもあります）。

そしてそれは老若男女、誰もが学べる学校であって、またそれはこの岡山のみでなく日本全国、世界の誰をも受け入れる、誰もが学べるものにするのです。観光に訪れる人さえ学べるものにするのです。

⛬《まんだら》は宇宙的教養

⛬《まんだら》、これは宇宙的教養であって、この岡山から宇宙的教養人を生み出すのです。そして宇宙的教養人であるＵＦＯ（宇宙連合）の方々、空洞地球の方々とも交流する街にもするのです。宇宙的国際交流、そのような街のモデルになるのです。

空洞化は「物売り」と化したゆえ

ところで街づくりは今、全国的になされており、それは街の空洞化、つまり商店街に人が集まらなくなってしまったからですが、その根本原因は「物売り」と化してしまったからであるのです。

つまり「利」が主となり、街の「いのち」である「もてなし」、心を込めた応対が皆無となったからであるのです。また物にも「いのち」がない。利するためには悪しき物でも売り、また善きものを売っていても、それは利を目的としており、それでは人の心が弾まない、楽しくなく、ゆえに廃れた、空洞化してしまったのです。

されど街のシンボルを「なごみの心」とし、その心の基、人と出会い、物も売り、建物や交通なども整備し、また祭りもエゴを祀らず神を祀る、芝居にして祭りとする等、⛬《まんだら》の息づいた街にしてゆけば人は集まります。

またそれは、この岡山のみでなく、日本各地も息づく、⛬《まんだら》の息づいた街になるべくしてゆくことが肝心ですが、否、世界の各地が息づく、⛬《まんだら》の息づいた街になることが肝心です。

一点集中、モデル地区をつくる

そしてそれには一点集中地区、モデル地区を決め、そこから始めれば効果抜群、よい結果を出せます。数年前、中心市街地をグル～ッと囲んだ「路面電車環状構想」が盛んに語られていましたが、まさにそれ、中心市街地を電車でグル～ッと囲み、環状化し、そこをモデル地区にするのです。

生命《いのち》がびっしり詰まった⛬《まんだら》の息づいた街にするのです。そしてそれであるところ岡山は繁栄し、また世界から人がやって来てもガッカリしません。なごみの街に感動し、またやって来ます、友達を連れてやって来ます。また伝えます。

「岡山観ずしてけっこう言うな！」と伝えます。

つまりそれは聖地であると共に観光地となります。街自体が観光地となります。

街自体が観光地となる

今、日本は観光に力を入れ、岡山も力を入れておりますが、このような街にするところ街自体が観光地となります。観光とは、「光を観る」ことですが、このような街こそ光、人がいま求め、観たいと思っている光であって、この街自体が観光地となります。

しかも滞在型の観光地となります。いま岡山は滞在型の観光地をめざしておりますが、このようにするところ滞在型の観光地になります。

またその光、それはなんといっても人間であって、そしてそれはなごみの心を生きる人、自分のことはさておき他の人に尽くす人、その言葉や振る舞いは勿論のこと、思いさえもよいものにあらしつづける人であって、この光の人を中心とするいのちある街にしてゆくのです。

光の人、その極めは「神」であり、観光の極め、それは津山で行われる「祭り」ですが、岡山は街自体を観光地とし、人々も光る。なごみの心のもと、どんどん光ってゆくのです。「祭り」が行われる津山の人も、もちろん光ってゆき、津山、岡山、日本全体が光の人で溢れるよう、岡山が中核になるのです。


――それにしても、それは市民の方々の協力が要る、市民の方々の協力なくしてはできませんが、そしてそれには市民の方々の意識変革、これが先ずなされなくてはなりませんが、それはなごみの心、この心、意識への変革であって…

つまり、自分の利より市の利益、これを優先する意識であって、市民がこの意識になるところ街づくりもうまくゆき、市も繁栄します。

そしてこの意識に市民がなるよう導くのが市長のリーダーシップ、その「要」であって、市長はこのリーダーシップを発揮なさることが肝心ですが、でも、それはややなさっている、要のリーダーシップをやや取っておいでであるのです。

ややリーダーシップを取っている

現市長は「職員の意識変革」、これを訴えて当選なさり、そしていま市長のリードのもと、市の職員の方々の意識は変わりつつある次第ですが、市長は職員の方々の意識変革のみでなく、市民の方々の意識変革、これをリードなさることであって、そのリーダーシップを取ることによってこの街づくりは成功し、市は繁栄します。

そしてそれは市民も救われます。いま市は財政が極めて苦しく、そしてそれは市民にとっても苦しい次第ですが、されど自分の利より市の利益、ここに身を掛けるところ自分も救われます。否、救われるどころか、市の繁栄と共に自分も繁栄します。

知らぬがゆえの逆さの状態

また、岡山は市のみでなく県も苦しく、ついに財政危機宣言をし、岡山は経済的に行き詰まってしまっておりますが、それは行き詰まっている日本、世界と相い似ておりますが、それは日本や世界同様知らぬがゆえの逆さの状態であるのです。

つまり、只今は行き詰まることなどない、それとは逆さに大繁栄、大発展するときであって、そして岡山県はその先がけ、まっ先に発展する、繁栄することになっており、そしてそれは祭りであるところの芝居を津山で行うところそうなり、また、岡山市が⛬《まんだら》の息づいた街づくりを行うところそうなり、また、岡山においでの神のお智恵を仰がれるところそうなります。神は他にもいろいろ智恵をお持ちであって、その智恵のもとまっ先に発展する、繁栄することになっているのです。

なお、その発展、繁栄、それはこれまでのような物の氾濫といったことではなく、地球とバランスしたシンプルでモダンな物の世界であって…

——そう、あの伊勢神宮のようなシンプルでモダンな物の世界、発展や繁栄であるのです。

ところで、神がお亡くなりになったらどうなるのか、世界の中心はどこになるのか、△《富士》の山の体制は崩れないのか、と思いますが、神が亡くなっても大丈夫、心配なく、それは血ならぬ、霊《ち》の継承が行われるからであるのです。

霊《ち》による継承となる

つまり、神を継承するのは「血」ではなく「霊《ち》」、霊的その立場の者が神に代わって世界の中心となり、△《富士の山》の頂点（※△）となり、表にあれど裏にて体制を支えます。

（※△）

他を統べるのではなく自《自己》を統べる

そしてそれは自己を⛬《まんだら》に統べてゆくことによる支え、これであるのです。

△《富士の山》の頂点にあって世界や人を統べようとするのではなく、自己を統べる、自分を常に⛬《まんだら》一本で在るようしてゆきます。

それはいわば地球レベルの天皇となることであって、日本も世界もこの地球レベルの天皇を中心に廻り、また、立ててゆきます。

また、神に代わり、⛬《まんだら》が世を統べるべく⛬《まんだら》を広めてゆく役の方も生まれておいでであって、この方が神に代わって⛬《まんだら》を広める。⛬《まんだら》が世を統べるべく、⛬《まんだら》を広めてゆきます。

⛬《まんだら》が世を統べる

⛬《まんだら》が世を統べるとは、つまりは「法」、宇宙の法が統べる。⛬《まんだら》は宇宙の法でもあって、この法、⛬《まんだら》によって世界は統とまります。

世界は神を中心に統とまりますが、それはこの法の基、神を中心に統とまるのです。神亡きあとはこの∴《まんだら》の基、霊的その立場の者を中心に統とまり、またその方の亡きあともこの∴《まんだら》の基、次の霊筋《ち》の者を中心に統とまります。

ところで、∴《まんだら》によって統とまるべく∴《まんだら》を広める役の方が生まれておいでであると申しましたが、その役は理由《わけ》あって解任となり、あらたに神に代って∴《まんだら》を広めて下さる方々を神は求めておいでであって、そしてその方々が神に代って∴《まんだら》を広め、∴《まんだら》によって世界が統とまるべくしてゆきます。

法を広める（伝える）ことが極めて肝心

そしてそれが極めて肝心なこと、法を広める、それは法を伝えることであって、法を伝える光の人、人々を神はいま切に求めておいでであるのです。

力男である

そしてそれは力男のこと。力男というのはあの天の岩戸をその怪力でガラガラと開けた神であって…

つまり天照さまが神々の笑い声にひかれ、岩戸を一寸開かれましたが、その一寸開いた岩戸をイッキに開かれた神、力持ちの神であって、この神、力男の働きあって天の岩戸は大きく開き、世に光が射したのですが、この今様力男によって《まんだら》という大光、法は広がってゆくことになっているのです。

《まんだら》という法を守り、述べ伝える直接の人は神であって、法王でもある神のもと《まんだら》を間接的に広げることになっているのです。

神は法王でもある

法王、それは法の最高責任者であって、《まんだら》を守り、述べ伝えることを任としておりますが、それは神、法王は人の身に生まれておいでの神であるのです。

——さて、いささか話がややこしかったかも知れませんが、ま、そういうことでありまして、神の亡きあとも大丈夫！　となっており、あとはこの日本が神中心の世界平和や陽のみの世界を興してゆくことであるのです。

また、それは一人ひとりの人が、この日本の一人ひとりの人が興すことがベスト、肝心であります。それは国がやる、総理を始め国が興してゆくことが肝心ですが、国民一人ひとりも興し、そしてそれは神ほどに興す。まず自分を神ほどの本来の自分に興すことであるのです。

まず自分を神ほどの本来の自分に興し、かつまた祭りや政教一致の体制などのプラスなこと、神がひとまず興しているプラスなことを政府ともども興してゆくのです。

さすれば初心が叶います。夢が実現します。

人間には夢があった、初心がありましたが、その夢が、初心が、そこにおいて晴れて叶います。

第三章

人間の初心

人間には「初心」がありました。そしてそれは神ほどの本来の人間になり、この地上を宇宙と同じ陽のみにすることでありました。度々の転生輪廻のもと悟りを極め、神ほどの本来の人間になり、かつまた、地上を宇宙と同じ陽のみにすることでした。

宇宙はプラス、プラスに調和した世界ですが、その宇宙同様プラス、プラスに調和した世界にそれはすることであって、そしてそれは、かねてよりの人間の夢であった地上天国や仏国土、ユートピアや世界平和のことでもあれば、全と個、そのどちらも幸福な世界のことでもあり、人間は永い間この夢の実現を目指しておりました。

されどそれはなかなか難しく夢のままでしたが、されど実現、人の身に生まれた神によって世界は陽のみにチェンジした、神のところで陽のみになっており、人間を神ほどの本来の人間に変換できる∴《まんだら》も生まれており、夢は実現可能となっている。初心貫徹したところからのスタートとなっているのです。

初心貫徹したところからのスタート、∴《まんだら》誕生による夢の実現

つまり∴《まんだら》を呑み込むことで、

○全てのエゴが焼き切られ（焼滅し）
○神ほどの本来の人間に変換なり
○神に結《つ》ながり、その御援助を仰げる

このようになり、誰でもこの∴《まんだら》によって神ほどの本来の人間に変換なります。
神ほどの本来の人間に変換なるとは、∴《まんだら》に変換なることであって、∴《まんだら》を呑み込むことで∴《まんだら》に変換なります。

人間はもともと∴《まんだら》

人間はもともと∴《まんだら》であって、∴《まんだら》というもともとの自分に変換なります。

ひとまずである

そしてそれはひとまずですが∴《まんだら》を一本に生き始めることによって、神や神々の御援助を仰げ、それによってあらためて∴《まんだら》で在れます。∴《まんだら》を一本に生きることは自分のみでは難しいけれども、神や神々の御援助のもと∴《まんだら》を一本に生きることができ、あらためて∴《まんだら》で在れます。
その出来高はそれぞれの工夫、努力、また素質にもよりますが、あらためて∴《まんだら》で在れます。

《まんだら》＝宇宙

また、《まんだら》は宇宙でもあります。《まんだら》は神であり人間、本来の人間でありますが、宇宙でもあって、そしてそれは愛、

「**他が幸福であることを自己の幸福とし、そこにとことん身を掛ける**」

この愛の世界であるのです。

そしてそれは自分よりも他を愛する愛であって、宇宙はこの愛がつらぬき、神々はもちろんのこと、太陽など天体もこの愛のもと行き交《あ》っています。

宇宙は物と心、このふたつでひとつの世界ですが、主なるは心であって、そしてそれはこのような愛であり、この愛のもとツル〜とまあるく行き交っており、ゴタゴタしながらもなごやかに整合された世界です。

またこの愛の「柱」、「柱」となる愛があって、そしてそれは

「**全体がよくあるよう、自分のことはさておいて尽くしっ切りに尽くす**」

このような全体を愛する愛、自分のことより全体に尽くす愛であり、宇宙はこの愛を柱とするなごやかな世界なのです。

つまり、このような全体をおもい、全体がよくあるよう尽くしっ切りに尽くす愛があって、このなごやかな世界はあり、

「他が幸福であることを自己の幸福とし、そこにとことん身を掛ける」

という愛の世界であるゆえのこのような愛、頼もしく逞しい柱となる愛があるのです。

つまり宇宙とは

全体に尽くし
互いに愛しあう

このような世界なのです。

それは智恵

そしてそれは智恵、この愛、これは智恵でもあって、そしてこの智恵であるところ何もかもうまくゆく、ツル~とまあるく調和し、何事もスーと治まりますが、それはこれが宇宙の雄大な壮大な智恵でもあるからなのです。

（天の花）

そしてそれが天の花、その智恵、愛、それが天の花であって、そしてそれは芙蓉の花と桔梗の花が象徴し、相似しています。

つまり芙蓉、それはよろこんで負を担う心。つまりそれは－（マイナス）、自分が－することによる他の＋（プラス）、他が幸福になることを喜ぶ心であって、あの泡のような柔らかくこなれた優しい愛であり、ピンクの芙蓉の花が象徴し、相似しています。

つまりそれは

「他が幸福であることを自己の幸福とし、そこにとことん身を掛ける」

といった優しく柔らかい愛。

また桔梗、それもその愛であるけれども、桔梗は柱、そのような優しく柔らかい愛の世界で在らす「柱」となる愛であって、青紫の花びらをピンと四方に張り、キリリと立つあの桔梗のような愛、キリリと全体、そこに尽くしっ切る愛であり、

つまり

「全体がよくあるよう、自分のことはさておいて尽くしっ切りに尽くす」

これであって、宇宙はこのふたつでひとつの愛のもと、花のもと、調和しています。

－《マイナス》する極めは神

なお、－する極めは神であるのです。全体や他の極め、それは神であって、－する極めは神であるのです。

そしてそれは神を信仰すること、神に－する、それは神を信仰することであって、そしてそれは祈りとともにその愛を生きることであるのです。

つまり

「他が幸福であることを自己の幸福とし、そこにとことん身を掛ける」

この愛を生きることであり、

また、

「全体がよくあるよう、自分のことはさておいて尽くしっ切りに尽くす」

この愛を生きることであるのです。

主なるは全体

なお、主なるは

「**全体がよくあるよう**、**自分のことはさておいて尽くしっ切りに尽くす**」

この愛であるのです。

つまり
「**他が幸福であることを自己の幸福とし**、**そこにとことん身を掛ける**」

この愛より主であるのです。


つまり、このふたつでひとつの愛、これは全体と他の人のどちらも愛する愛ですが、主なるは全体であって、そしてそれは他の人は全体の中にあり、全体がよくあってこそ、幸福であってこそ他の人も幸福であるからなのです。


ところで、このふたつでひとつの愛のことをこれまでは、

「**他が幸福であることを自己の幸福とし**、**そこにとことん身を掛ける**」

このようにお伝えしておりましたが、実は、

「**全体がよくあるよう**、**自分のことはさておいて尽くしっ切りに尽くす**」

この愛でもあるのです。

しかるに今後は、このふたつでひとつの愛を
「全（他）が幸福であることを自己の幸福とし、そこにとことん身を掛ける」
このように表現することにします。

これまでは、このふたつでひとつの愛を
「他が幸福であることを自己の幸福とし、そこにとことん身を掛ける」
このように表現しておりましたが、今後はこのように表現します。

神の相（要素）である

なお、それは神の相（要素）であって、神がこの愛や智恵、天の花であるのです。またそれは《まんだら》も同じ、《まんだら》もこの愛や智恵、天の花であるのです。

人間も同じである

そして人間もこの愛や智恵、天の花であるのです。神＝《まんだら》＝宇宙＝人間であって、人間もこの愛、智恵、天の花であるのです。

人間はいつの間にか自然回復している

そして人間はこの愛や智恵や天の花にいつの間にか回復しております。その人なりに回復しております。∴《まんだら》を敢えて呑み込まずとも回復しており、さりとて１００％回復するにはこの∴《まんだら》を呑み込むしかなく、また、この21世紀は人間は１００％回復するトキであり、そのために∴《まんだら》は生まれております。

つまり、この21世紀は人間は１００％回復するトキ、この愛や智恵や天の花に回復するトキであり、そしてそれは、神や∴《まんだら》や宇宙ほどに回復するトキであり、そしてそのトキに合わせて人間は回復していた。無意識に回復しており、されど１００％回復するには∴《まんだら》を呑み込むしかなく、また、そのために∴《まんだら》は生まれたのです。

回復がスピードアップしている

また、只今その回復がスピードアップしておりますが、それは神であるところのひとりの人、個が回復したときを境に早まっており、また、アセンションも起きているところから早まっており、今後ますます回復は早まってまいりますが、結局のところ、この∴《まんだら》を呑み込まぬ限り、１００％の回復はありません。

∴《まんだら》が１００％の力

∴《まんだら》に似た力は世界の各宗教にありますが、このように**「全てのエゴを即、焼き切り」**、**「根本仏でもあるところの根源神ほどに即、変換なり」**、また**「根源神を始めとする全ての神仏に即、結《つ》ながる」**といったことはなく、∴《まんだら》が１００％の力であるのです。

∴《まんだら》は死と再生の力

∴《まんだら》を呑み込むこと、それは今までの死であり、また、再生、死から生への甦りとなります。

人間の生、それは∴《まんだら》を一本に生きること、神ほどの本来の自分を生きることでありましたが、それはほどほどに生きられており、そしてそれは死でしたが、∴《まんだら》を呑み込むことにより生還します。

∴《まんだら》は自力的に悟った極めつけの悟り、それゆえの霊エネルギー

さて、∴《まんだら》は人間を神ほどに変換する霊エネルギーでもありますが、この∴《まんだら》が人間を神ほどに変換可能な霊エネルギーであるのは、自力的に悟ったからであるのです。∴《まんだら》という極めつけ

の悟り、それを自力的に極めたからであるのです。

⛬《まんだら》は極めつけの悟り

つまり⛬《まんだら》、これは極めつけの悟りであるのです。これ以上の悟りはない、もともとあった極めつけの悟りであって、この⛬《まんだら》を自力的に悟る、自力的に悟りを極めた際には、宇宙にあるエネルギー、人間を神ほどに変換する霊エネルギーを手にすることができることになっておりましたが、自力的に悟りを極めたゆえに手にできたのです。

⛬《まんだら》を呑み込むことは悟りを極めること

そしてこの⛬《まんだら》を呑み込むことは悟りを極めること、⛬《まんだら》という極めつけの悟りをしたことになります。

なお、それはひとまずですが、されど神や神々の御援助によって⛬《まんだら》を一本に生きることができ、あらためて悟ってゆけます。悟りを極めてゆけます。

あらためて悟りを極めてゆける

つまり、⛬《まんだら》を呑み込むことによって悟りを極められますが、それはひとまずであって、されど神や神々の御援助のもと、⛬《まんだら》を一本に生きることができ、あらためて悟ってゆけます。悟りを極めてゆけます。

悟りは普通に生きていてもある程度はしますが、⛬《まんだら》を一本に生きることによってパーフェクトにできます。

その出来高はそれぞれの工夫、努力、また素質にもよりますが、あらためて悟りを極めてゆけます。

神理を知り、身につくこと

そしてそれは、神理を知り、それが身につくことです。

悟り、それは宇宙の法や法則など肝心なことを知り、それが身についたということですが、つまりは神理を知り、それが身についた、このことであって、神理を知り、身につきます。

宇宙的教養人になること

そしてそれは宇宙的教養人になることです。神理が身につくということは宇宙的教養人になることであって、そしてそれは神や神々との交流がよりスムースになります。

交流がよりスムースになる

交流、それはお電話《チャネリング》による神や神々との交流であって、神や神々との交流は⛬《まんだら》を呑み込み、⛬《まんだら》を一本に生き始めるところいずれかならずできますが、また、人の身に生まれておいでの神に言葉をかけていただくことですぐできますが、その交流がよりスムースになります。

つまり、この世にあってもその教養同じゅうする人とは交きあいやすいように、宇宙的教養人である神や神々との交流がよりスムースになります。

そしてそれはとても楽しい、何しろ神や神々はその知識（神理の知識）はもとより機知やユーモアに溢れ、またその言葉使いたるやまことに雅であって、一旦お交き合いを始めたらやめられなくなります。

それは睦つみ

なお、それは交流といったものよりは「睦つみ」といった方がふさわしく、神は親であり、また、九次元神霊等、中枢の神々は人生の先輩であり、兄や姉のような立場でもあり、そしてそれは「交流」といったことより「睦つみ」、この方が適切であって、人は神、神々へ親や兄姉に対するような親しみと懐《なつ》きをもって接することであるのです。

そこにけっして礼を欠くことなく、親や兄姉に接する思いで出会ってゆくことが結ながりやすく、打ち解けた交き合い、スルスルの交流となります。

人の身に生まれている神との交流が肝心

また、その交流は人の身に生まれている神との交流が肝心であって、神に親に対するような親しみと懐きをもって接するのです。

そこにけっして礼を欠くことなく、敬虔な恭々しい態度で接し、出会ってゆくのです。

つまり相手の立場を重んじ、出会ってゆくことであるのです。

⛬《まんだら》で身養い

また、⛬《まんだら》は身を養なうこともできます。つまり⛬《まんだら》を呑み込み、⛬《まんだら》を一本に生きてゆくところ、身はすこぶる元気に、また病いに罹ることもほぼなく、罹っていてもほぼ治せます。

⛬《まんだら》＝気のエッセンス、病気知らずとなる

病いに罹るのは食べ物、ストレス、運動不足…等、原因はいろいろありますが、「病いは気から」と言われていますように「気」が大事であって、そして⛬《まんだら》はその気のエッセンスであり、この気で日々生きつつ食べ物等に気をつけてゆくところ寝込むこともほぼなく、またガンに罹ったり

ボケることなどもほぼありません。

また、そのようになりかかったら夢等で教えられ、すぐ対処することができます。また、病気になってもそれを治すための情報や人・物（お金）等々と出会い、ほぼ治してゆくことができます。

いずれにしろ、まず「気」が肝心で、⛬《まんだら》はそのエッセンス、100%のものであって、この気をしっかり生きてゆくところほぼ病気知らずとなり、また、病気に罹ってもほぼ治せます。

遺伝子のところから予防

病気には遺伝子がらみのものがありますが、⛬《まんだら》を呑み込み、⛬《まんだら》を一本に生きることで遺伝子レベルでの病気をも封じることができ、極めつけの予防となります。

遺伝子のコントロール、それは明るい思いや高い志、感動や祈り等によってコントロールできると言われていますが、そしてそれはその通りでありますが、「悟り」がその極みのものであって、⛬《まんだら》という悟りの極めを呑み込み、⛬《まんだら》を一本に生きることで遺伝子をコントロールでき、極めつけの予防となります。

⛬《まんだら》は物も創《う》める

また、⛬《まんだら》を呑み込み、⛬《まんだら》を一本に生きれば、時代に見合った素晴らしい物も創めます。つまり物を創む、創造するにはこの∴《まんだら》を活用することであるのです。さすれば日本にしてもますます物創りに長《た》けた国になります。もともと日本は物創りには長けておりますが、∴《まんだら》を活用することによって桁ちがいのものになります。

物やお金にも困らない

つまり∴《まんだら》で在るところ結局物質的にも困らない。身も元気であれば物にもお金にも困らない、回ってくるようになっています。

人間肉あるゆえに物やお金は必然として要りますが、∴《まんだら》一本生きてゆくところ物質的にも恵まれ、肉あるゆえに物もお金も要る人間としてこの上なく安心です。

尽くすがゆえに調和する

そしてそれは、尽くすがゆえに調和するのです。物質的にもうまくゆくのです。尽くせば尽くしたその人自身尽くされるのです。

つまり、

「全（他）が幸福であることを自己の幸福とし、そこにとことん身を掛ける」

この愛を生きるがゆえに尽くされるのです。

⛬《まんだら》を一本に生きる、それはつまりはこの愛を生きることであって、この愛を生きるがゆえに尽くされるのです。

つまり、−《マイナス》しても−したその人自身が＋《プラス》となるのです。この愛、これは全体や他の人がよくあるよう、自分が−する、よろこんで負を担う心ですが、負を担う、−したその人自身が＋となる、よきことになるのです。

そのような法則があり、その法則のもと尽くされるのです。

尽くすとその人自身尽くされるという法則がある

法則、それは一定の条件のもとでは常になり立つものであって、自分よりは全体や他の人に尽くせばその法則のもと自然に自動的に尽くされます。

尽くしたなりに尽くされる

またそれは尽くしたなりに尽くされます。つまり尽くす対象やその尽くし具合に比例して尽くされます。

なおそれは、無償で、見返りを求めることなく尽くすのです。この愛、これは尽くしっ放し、与えっ放しの愛であって、無償で、見返りを求めないで尽くすことであるのです。見返りを求めると愛は死に、法則は働きません。

また、極めは神、尽くす極めは神であって、神に尽くすことで最高に尽くされます。またそれは尽くしたなりに尽くされます。神に尽くしたなりに尽くされます。

天のはからいでもある

そしてそれは天のはからいでもあるのです。それは法則ですが、天のはからいでもあるのです。天、それはつまりは神であって、神のはからいのもとよきことになる、物質的にも恵まれるのです。人間の幸福は心の幸福、心が幸せであることですが、そしてこの愛で在るところ心は幸福ですが、さりとて肉あるゆえに物もお金も要り、物（お金）あってパーフェクトに幸福といえますが、その物（お金）にも自分のことはさておいて全体や他の人に尽くしてゆくところ恵まれ、そして調和する。心と身、そのどちらも幸福であることができるのです。

心身共に幸福

人間心身共に幸福であることが幸福であり、そのどちらもの幸福、心身共の幸福を得られるのです。

この愛、これであるところ心は幸福ですが、さらに身も幸福、その身養うための物もお金も廻ってきて身も幸福、心身共に幸福します。調和します。

調和の論理が生まれたゆえにうまくゆく

そしてそれは調和の論理、この愛、これはこれまで出ていなかった「調和の論理」でもあり、この論理あって、うまくこの愛として生きてゆけるのです。この論理に乗っかって身統《みす》べればうまくゆきます。他を利するよりは自分を利してしまうといった逆さ、愛が逆さになることはありません。

また、ほどほどのものにもならない、地球やその自然、世界や国、社会や他の人など全てを愛する愛、全体を愛する愛として生きていてもほどほどのものになっておりますが、この論理に乗って身統べればスッキリと尽くせます。

またそれは調和の原理でもある

またそれは調和の原理でもあります。この愛、これは「調和の原理」でもあって、そして、それがこの度、このようなわかりやすい言葉として初めて出されたのです。

調和の時代

これまで人間、**自分よりは全（他）に尽くすところ「尽くしたその人自身恵まれる、物質的にも恵まれる」**という天のはからいのあることを知らぬところから、全（他）よりも自分に尽くし、かつまた、物やお金で幸福であろうとした。

人間、肉あるところから肉体的幸福を念い、そのために過剰な生産や消費に走り、かつまた、それはバランス《持てる者、持たぬ者》を欠き、争いのタネとなり、人間関係を壊すと共に地球といった全体、この環境まで破壊してしまっておりますが、そのように物やお金を持って幸福であろうとするのではなく、今後は原理、この**「調和の原理の基に『物にもお金にも恵まれ』幸せであろうとすること」**です。

この原理、これは調和の術《すべ》や思想、和の思想としてお伝えしましたが、調和の論理や原理でもあり、この調和の論理や原理の基、物にもお金にも恵まれ、幸福になろうとすることです。

地上の法ともしてゆく

そしてそれは、地上の法にしてゆくことが肝心です。この調和の原理、これは天の法でありますが、そのように物質的にも恵まれてこそ人間は幸福であり、この天の法、調和の原理を生きることを地上の法にしてゆくことが肝心ですが、それには始まりの国である日本がこの原理を生きることを法にし、全ての国民がこの原理を生きるべくするのです。

この原理、これは誰もがその身の内に持っている。それは《まんだら》であり、《まんだら》を本質とする人間

はすでに持ち合わせており、そして只今はそれを一本に生きるときであり、この原理を生きることを法とし、そこにおいて国民が物にもお金にも恵まれるべくするのです。

また、はからう、調和の原理を生きる国民が物にもお金にも恵まれるべく、政府もはからうことであるのです。

天のはからいのみではうまくゆかない

つまり、個《自分》よりは全（他）に尽くすところ、その尽くした人自身が十となる、物（お金）にも恵まれる天のはからいがありますが、その天のはからいのみではうまくゆきません。

されど政府もはからうところそれはうまくゆきます。調和の原理の基、個《自分》よりは全（他）に尽くせば、尽くしたその人自身が恵まれるべく政府もはからうことでうまくゆきます。

無意識にはからっている

また無意識にはからっております。

例えば、1998年にＮＰＯが法人として認可され、法人となったＮＰＯは企業等から資金援助を受けやすくなりましたが、それはまさにはからっている、天同様にはからっております。

ＮＰＯとは「特定非営利活動を行うことを主なる目的とする団体」、「17の分野を通して不特定多数の者の利益に貢献することを目的とする団体」ですが、これはまさに「自分よりは全（他）

に尽くす」調和の原理と同じであって、そしてその調和の原理を生きるNPOは法人として認可され、企業等はNPOへの援助金は税の対象となるところから、NPOにお金を廻しやすくなりましたが、まさにそれは無意識のはからいであり、また、

「全（他）が幸福であることを自己の幸福とし、そこにとことん身を掛ける」

この調和の原理を受け入れたことであって、ここでスッキリこの原理を生きることを法にし、国民がこの原理の基、物（お金）にも恵まれるべくするのです。

今何かと法が改められていますが、それは天の法が地上の法となるときであるがゆえであって、一刻も早くこの調和の原理を生きることを法にすることであります。

⛬《まんだら》が天の法であり、只今はこの⛬《まんだら》を地上の法にするときですが、そして⛬《まんだら》の中には体制を根源の神の政教一致にすることなど、いろいろありますが、この調和の原理を生きることを法にしてゆくことが急がれます。

世界の法にすること

地上の法にすること、それは世界の法にすることであって世界的にこの原理を生きることを法とする。世界こぞってこの原理を生きるようにすることであって、そしてそれには始まりの国である日本がこの原理を生きることを法にし、この原理の基、日本自体をよくしつつ、世界に呼び

かけてゆくのです。この原理、思想でやってゆこうではないかと、呼びかけてゆくのです。

この原理、これは思想、考えでもあり、「この考えでやってゆこう！」と身ごと呼びかけてゆくことであるのです。

お金は高みあるところに廻す

また、お金は高みあるところに廻し、問題を一刻も早く解決してゆかねばなりません。

世界には問題が山積しており、それを解決せんがため、ＮＰＯにしても生まれたわけですが、早急に問題を解決するにはシミジミしたところよりはお金は高みあるところに廻すことです。

高みあるところ、それは問題解決のための答や、それをこなす力のあるところでありますが、神への信仰、これが肝心であるのです。

何しろ問題、それは、なんといっても神を捨てたことであって、ゆえに解決しなくてはならないのは神への信仰であって、神を信仰し、また生きる、神の教えを自らも生きているところが高みあるところであるのです。

もともとそれはあった

そしてそれはもともとありました。お寺や教会等、宗教にそれはありました。宗教、それは、神を信仰し、かつまた自分も生きる、神の教えを生きることをモットーとしておりました。

そしてそれゆえにお金が廻ってきました。献金やお布施等として廻ってきました。そのようなところがあって人も世もうまくゆくゆえに、何はさておいてもまっ先に廻しておりました。

そして只今NPOのようなごく一般の人が活動しているところにお金は廻り始めましたが、それはいわば宗教が終焉した証、宗教は先きに挙げたようなことがなくなり終焉しましたが…

つまり信仰はすれども生きていない。教えを生きていなく、ゆえに終焉しましたが、その証であり、かつまた報われ、これまで努力してきたことのそれは報われ、普遍化したことの証でもあり、それはうれしい、うれしい終わりであるのです。

つまりNPOは自分よりも全（他）に尽くしているところ、神への信仰はしていない、神への信仰はしていないところが多いけれども、でも生きている、神の教えである愛、調和の原理を生きているところであって、そしてそれは普遍化、これまで宗教がやってきたことが普遍化したことの証であり、また、これまでの努力が報われたことであって、それはうれしい、うれしい終わりであるのです。

⛬《まんだら》が生まれたことが最たる報われ

またその報われ、それは⛬《まんだら》が生まれたことであって、そしてそれはうれしい、宗教にとってもうれしいことであるのです。何しろ⛬《まんだら》が生まれたのはやはり宗教、この分野あってこそであって、宗教という分野なくしてはこの⛬《まんだら》は生まれなかったのです。

しかるに宗教分野の方々にはひときわ感謝がなされなくてはなりませんが、その感謝、それは⛬《まんだら》、この提供であって、あらゆる宗教にこの⛬《まんだら》は届けられるべきです。

また、宗教もお受け取りになるべき自らの力もあって生まれた⛬《まんだら》、そしてこの⛬《まんだら》が、人間を神ほどに変換する力であり、悟りの極めでもあり、宇宙の法や法則や神理でもあり、また啓示、只今の啓示でもあり、御自分のためにも信者の方々のためにも受け取られるべきです。

⛬《まんだら》が只今の啓示

⛬《まんだら》、これは只今の啓示でもあります。啓示とは人間の力では知り得ないことを教え諭して下さっているもの、つまり神よりのメッセージであって、そして⛬《まんだら》は神より全ての人に与えられた只今のメッセージ、啓示であって、この啓示、⛬《まんだら》の基、誰もいずこも幸せになってゆけばよいのです。

宗教もこの啓示、⛬《まんだら》からのスタート、新しくここからスタートするときになっており、宗教の母体である「あるぱるぱ」に一刻も早く駆けつけられることであります。

「あるぱるぱ」は宗教の母体

つまり「あるぱるぱ」、それは宗教の母体でもあるのです。あるぱるぱは「宗教」としてやってはいませんが、「宗教の母体」であって、この母体に駆けつけ神より∴《まんだら》をいただかれることであります。神はこれまでの労に感謝し、敬意をもって渡されます。∴《まんだら》が生まれたのはなんといっても宗教、この分野あったがゆえ、宗教分野の方々がいて下さったがゆえであって、神は敬意をもってお渡しになられます。

∴《まんだら》は創造の糧

∴《まんだら》、それは創造エネルギーでもあり、あらゆることの創造を可能とします。

聖書に代わる文明の牽引

なにしろ、その創造の最たるものは人間を神ほどの本来の人間に創造でき、かつまた、そこより世界を平和、ユートピアにしてゆけ、また全ての分野の創造となります。

教育、科学、哲学、芸術、情報《メディア》、医療、食、農、市民運動やＮＰＯやＮＧＯ、スポーツ、性生活、政治や宗教、経済やエネルギー等々、あらゆるジャンルの創造となります。行き詰まりを突破し、発展します。

この現代の文明を牽引し、その発展の糧となったのは聖書ですが、今後の、只今からの糧は、もともとの糧であるところのこの∴《まんだら》、これが糧となり、ここから新しく発展します。

全ての分野は終焉し、新しく⛬《まんだら》からのスタート

つまりそれは終焉、全ての分野がここでひとまず終焉し、新しく⛬《まんだら》からのスタート、そしてそれはパーフェクト、陰《ネガ》なき陽、完全からのスタートであって、発展も発展、大発展し、申し分なく幸福になれます。

⛬《まんだら》は前進エネルギー

つまり⛬《まんだら》は前進エネルギーであるのです。創造は創造でも前向きな前進エネルギーであって、個人的にも全体的にもこの⛬《まんだら》によって前進します。これまで以上に発展し、これまで以上に幸福になれます。

⛬《まんだら》を研究することが肝心

ゆえに⛬《まんだら》を早急に研究することが肝心です。⛬《まんだら》はそのように何もかもうまくゆく、申し分なく幸福になれる糧であって、この⛬《まんだら》を早急に研究することが肝心です。

京都に「人間の幸せを考えることを考える」「国際高等研究所」というところがありますが、人間を幸せにする秘訣はすでにあり、この⛬《まんだら》をそこで研究してもよく、いずれにしても早く研

究することです。

《まんだら》が世に広がるには、やはり学問の裏づけを要し、またそれが新しい学問、21世紀の学問であって、《まんだら》を急ぎ研究してゆくことであります。《まんだら》は知的財産の極めでもあり、この財産、お金では換算できない財産によって100%、完全に幸福になれるべく研究を急ぐことが肝心であって、京都にある研究所（国際高等研究所）にしても実はそのためにつくられているのです。

「あるぱるぱ」を研究することが肝心

また、「あるぱるぱ」を研究することが肝心です。あるぱるぱはその《まんだら》を基に世界平和やユートピアの幕を開いているところであり、人間を幸せにする秘訣、糧である《まんだら》の基、次々幸せな人が生まれているところであり、あるぱるぱを研究することがこれまた肝心です。

《まんだら》誕生のいわれ

さて、では《まんだら》はどうしてこの世に誕生したのでしょう。

それは人の身に生まれた神によって誕生しましたが、神によって誕生するまでには深遠ないきさつがあり、そのいきさつをここでひとつお話ししましょう。

天のはからいによる∴《まんだら》誕生、そのための悟りのリレー

それは天のはからい。天はこの21世紀より地上を宇宙と同じ陽のみの世界にしてゆく計画でしたが、されどもそれとは逆さの闇、陽よりも陰《ネガ》が大きく上回ることが予測されており、そしてそれは無智、無智からのスタートであったからですが、ゆえに悟りをすることを人生の目的として降りたつ面々、悟りのリレーをする者たちを遥か彼方、地球開闢、人類誕生の頃より仕組んでおりました。

悟りのリレーは総勢62名

そしてその数62名を擁し、転生輪廻の法のもと、度々人間として生まれ、悟りをし、その悟りのもと人々を導き、時代や文明を興す糧となり、去ってゆきました。その名、その都度変え、時代、時代に降りて来て、無智から生じた闇を晴らし、新しく光を掲げて、去ってゆきました。

ゼウス、モーゼ、孔子、釈迦、イエス、ニュートン、ダビンチ、プラトン、バッハ、モーツァルト、マルクス、エドガー・ケイシー、ガンディー、アインシュタイン…等々、九次元の神霊を中心とする中枢の神の位より数多《あまた》の神が降りられました。

最終の悟りは日本から

そしてその悟りの最終地、悟りを極める地は日本であって、日本にはそのための仕掛けがたくさん用意されておりました。

その風土、文化、言葉、人…等、ありとあらゆるものが悟りのための糧となりましたが、なかでも天皇制や天皇の存在、これが悟りへの中核でした。

天皇制、天皇の御存在が悟りへの中核

そしてそれは、宇宙にはもともと中心となる神がお在りになること、また、その神を頂点とする△《霊的ヒエラルキー》、タテの秩序があることの悟り、そしてそれは○、△でありながら○の世界であることの悟りでしたが、この悟りができたのは、

というこの国の体制、また、天皇の御存在でした。

天皇は根源の神の実在を
その「座」をもって証す役割であった

つまり、天皇の本質、それは根源の神といった動かしようのない存在がこの宇宙の中心においでになること、それをその「座」でもって証される宇宙的役割、御立場だったのです。

悟りを極めたのは昭和と平成の重なった年、1989年ですが、天皇は天皇でも昭和天皇の御存在によって悟れました。昭和天皇が悟りの糧となってくださったのでした。

戦後は天皇制や天皇の座を否定する派と肯定派との二派に大きく分かれましたが、理屈抜きで天皇を拝し、涙する素朴な姿から、その存在に奥深い意味を感じ、その本質を探求した揚げ句のものでした。

天皇を神と仕立てた時代があったゆえだけでない、何か奥深い意味をそこに感じたところからでした。

そしてさまざまな思考や行い、霊的体験などの揚げ句、天皇とはその「座」をもって宇宙の中心にお在りの根源神を証されていたことがわかったのでした。

タテを違えた三島由紀夫神

そして、その天皇と縁深い方に三島由紀夫さんがおいでですが、彼《か》の方もその天皇の御立場や天皇制の意味を深く考えた揚げ句、「盾の会」を起こし、この国に秩序を取り戻そうとなさいましたが、それはいささか的がハズれておいでででした。それは神という上《かみ》との関係、上下の関係、この秩序・タテの取り戻しに向かうべきでしたが、そこにまでは到れませんでした。

天皇が宇宙の中心に座する根源神をその「座」でもってお証している存在、そのような宇宙的立場の方であるということまでは見抜けず、天皇自身をかつがれ、それは宇宙の暦とはズレ、また、時代と逆行もするゆえ、うまくゆきませんでした。

宇宙は創造性であり、創造しつづけており、その宇宙の創造性の中に人類の歴史、民族の歴史、また個人の歴史もあり、創造性なきものはうまくゆかない、うまくいってもポシャるようになっているのです。

立てるべきは根源神であった

つまり、今という時代は、本来のタテ、神と人というタテの関係、ここからのスタート、やり直しのときに入っており、また、神は神でも根源の神、こことの関係のときに入っており、天皇はここに到るまでの糧でおありであって、天皇の座、それはもう用をなさない、必要でないときに入っているからなのです。

また国、それは地球、地球を国と見立て、人類すべからくひとつの民族といった見方を必要としていましたが、そこまでのグローバルな見方はできず、この日本の国にタテの秩序を、この国を憂うがゆえに秩序取り戻しの行動をされましたが、それは宇宙とも、時代とも合わずうまくゆきませんでした。

されど、三島神においては、それはそれでよかったのです。そのような見方、また、天皇を通して神を悟り、その神をお立てしての地球レベルの国づくりは三島神よりバトンを受けた悟りのアンカーのなすべき仕事であって、彼《か》の方は悟りのアンカーが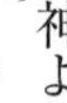《まんだら》という極めつけの悟りに到るためのきわめて重要な悟り、その悟りのための「糧」を遺すことが本命であったのです。

三島由紀夫は悟りのメンバー、神の位よりの人

つまり三島由紀夫、それは中枢の神の位より降りられた悟りのメンバーであって、悟りのアンカーの前を走り、悟りのアンカーが悟りのスタート（1970年のお金の悟り、28歳）をしたときに命果てられたのですが、彼《か》の人の死の真相、それは悟りのバトンタッチであって、悟りのアンカーの死を自らが死すことによって防いだのでした。

つまり、悟りのアンカーは死に幾度も直面しながら悟りを極めていったのですが、その最初の悟りの際、やはり死を前にしており、されども死は免れたのですが、それは三島神が死なれ、エネルギーのバランスが取れたからなのでした。

三島神のあの一連の行動にはこの日本のみならず世界も驚きましたが、その真相はこのような

宇宙的なものであって、彼《か》の方は、自分が死すことによって悟りのアンカーを生かしめ、かつまた性の悟り、「性の悟り」をすることがきわめて肝心でしたが、その目的を持つ悟りのアンカーのために「憂国」という作品を遺していってくださったのでした。

『憂国』が悟りを極める重要な糧であった

『憂国』が「性の悟り」の重要な糧でした。「性の悟り」はこれまでなされておらず、それを悟ることが「神を悟る」ことでもあり、きわめて重要でしたが、『憂国』という作品によって「聖なる性」とでもいった性の在り様があることを知り、そのような性への憧れを持ち始め、それが性の悟りへの導入ともなったのでした。

――さて、このように、この三島神に限らず、この日本には悟りのランナーが大挙して降りてまいられ、この日本において悟りが極められるべく、そのための仕事をなさり、今では全員あの世に引き揚げられ、そのトキの来るのを「いまか！　いまか！」と、固唾を呑んで待っておいでででした。

日本には悟りのランナーが数多生まれていた

なぜ日本か、それはもともとそのために用意されていた地であって、この地球上のあらゆる場所は、それぞれに宇宙的意味を持っており、この日本は根源の神との御縁一等深く、神をお立てしたところからの仲良き世界、地上天国や仏国土、はたまたユートピアや世界平和、宇宙と同じ陽のみの世界を興すために用意されていたのです。

そしてそのためには悟りを極めることが肝心であって、それを成功させるべく、そのための人材や悟りのランナーが数多用意され、その主要な人材のおひとりが天皇であり、また、悟りのランナーとしては天照、またその前の天之御中主命であり、また、現代においては三島由紀夫神であるのですが、他にも数多の神々が晴れてこの日本から極められるよう、悟りのアンカーが悟りをしやすいよう、この日本に大挙して生まれ、悟りの階段、ベースとなられたのでした。

そしてそれは、三島由紀夫、松下幸之助、手塚治虫、高橋信次、宮沢賢治、西田幾多郎、谷口雅春、与謝野晶子、野口英世、出口王仁三郎、福沢諭吉、坂本龍馬、井原西鶴、松尾芭蕉、真田幸村、空海、紫式部、弟橘姫、そして天照、天之御中主命…等々で、他にも数多お生まれになり、秘かにそのトキを待ち侘びておりました。

そしてそのトキ（悟りの完了）

悟りのアンカーは女の子

そして、そのトキ、それは１９８９年12月22日の夜、21世紀より一歩手前、10年前になされることになっており、そのための宿命の子、悟りのアンカーが、そんなこととは露知らずこの日本の地に「オギャア！」と女の子として生まれたのでした。

悟りは20年間かかった

その子、いやそのお方は、１９４３年１月１日、岡山県の津山市に生まれ、18歳のみぎり悟りの予定地であった岡山市に出て、28歳（１９７０年）のときより悟りが始まり、１９８９年12月22日の夜（47歳）、予定通り完了しましたが、その20年間というものそれはそれは大変な苦労…、いつ頭がプッツンするか、病死するか…と、そのおツム、また、身を危険にさらしつづけての20年間の悟りの旅でした。

旅と申しましても、それはいわゆる全国行脚のようなものではなく、ごく普通の生活、居ながらにしての悟り街道まっしぐら、ひとりの男の子を抱え、母子家庭の母として生活を背負いながらの旅でした。

そしてそれは、ハラハラドキドキ…、その頃はもう皆んな、つまり、悟りのランナーたちは皆な天に引き揚げ、あの鴇《トキ》が当時一羽だけ残っていたように、たったひとり残った悟りのアンカーのゆく末をハラハラドキドキしながら見守っていましたが、それはそれは手に汗握る大活劇ならぬ、厳しい厳しい悟りの道でありました。

主要な悟りは22

悟り、その主要なものは22あって、主にその22の悟りを20年間に渡って悟るものでしたが、それはそれは小忙《こぜわ》しく息つく暇もない危険な旅でした。

つまり、悟るためには際だった思考を要しますが、それは思考過多によってお頭《つむ》がプッツンする危険が始終あり、また、物やお金…等、なけなしの私財を投げ打ってのものであって、そしてそれは貧乏になることであり、そしてそれは病いや、死を覚悟することでもあり、また、現にその死を覚悟してお金の流れを変えもし、それはそれは大変なものでありました。

でも、そのお陰で1989年12月22日、悟りは完了したのでした。

問題あったゆえの悟りへの道

そしてそれは問題があって悟れました。悟り、それは天皇の存在や『憂国』等のプラスの糧によっても悟れましたが、絡みに絡んだ山ほどの問題があったがゆえに悟れたのでした。

地球環境破壊、核のあること、戦争、原発、貧困、飢餓、人口爆発…等々、また、自由の在り様や儀式の在り様、政治の在り様、情報《メディア》や思想の在り様、お金中心の社会の在り様…等々の問題が絡みに絡んだ状況を前にし、「なんとかせん！」と果敢に挑戦していったところ、悟れたのでした。

問題は悟りの糧

問題は悟りの糧であって、この度の悟りはこれ以上ないという極めつけの悟りであるがゆえに問題もきわめて難解、絡みに絡んだ問題の山が用意されていたのです。目には目ならぬ、極めつけの悟りには極めつけの問題であったのです。

そしてそれは解け、かつまた悟れた次第ですが、それは机上で解くのではなく身ごと、つまり、「肉によって生まれたものは肉によって解決」せねばならず、ゆえにとことん身を掛けての解決であって、あらゆる問題は個のところで解けています。ひと渡り解決しております。

肉によって生まれたものは肉によって解決

「肉によって生まれたものは肉によって解決」というのは、つまりは問題は行為、行動を通して生まれており、ゆえに問題を解決するには行為、行動を通して解決せねばならず、ゆえにとことん身を掛けての解決であったのですが、あらゆる問題は個のところで解けている、身ごと解決しており、そしてそのための戦後50年、この日本の戦後50年でした。

そのための戦後50年

つまり、戦後50年というのは人類の持ってしまったあくた、問題がこの日本にイッキに押し寄せ、柔らかくレベルを変えて現れておりましたが、それはこの日本において悟りがなされ、そのついでに大掃除。人類の持ってしまったあくた、諸々の問題を大掃除し、晴れて新年を迎えるためにあったのです。

新しき年が始まる大晦日、家の中を大掃除するように地球開闢、人類が地上に生まれて初めての新らたまりのトキに当たり、この日本にゴミがイッキに集まり、そして悟りを極めがてらの大掃除、大掃除しがてら、悟りが極められるためにあったのです。

問題の根本は人間

そしてその大掃除、禊《みそ》がなくてはならないのは人間自身であって、人間がつまりは問題の根本、根であって、人間がいつの間にか身につけてしまったあくた、エゴの浄化、大掃除が特に必要でした。

そのエゴにより生まれた外のあくた、この大掃除もしましたが、内なるお掃除、エゴというこしゃくなるモノの大掃除が必要でした。人類を代表して人類の持ってしまった無数のエゴ、この大掃除、大消滅をしたのでした。

わざと持って生まれたエゴの数々

そして、それゆえに悟りのアンカーはわざと持って生まれたのでした。人類が持ってしまった無数のエゴをわざと持って生まれ、そしてそれを数々の問題を通して禊いだのでした。

そしてその個の禊ぎは人類全体の禊ぎとなりました。人類の持ってしまったエゴはそこにおいて消えたのでした。

エゴの極めは無智

エゴの極めは無智ですが、問題を通してエゴ、つまり無智も消えたのです。そしてそれは悟っていったからでした。無智が消えたのは問題を通して次々と悟っていったからであって、悟りと共に無智は消えていったのです。

全体を看やったところからの個の禊ぎ

その消滅、無智を始めとするエゴの消滅に入ったのはお金の問題、愛の問題、情報《メディア》や思想の問題、環境破壊、核、飢餓、原発…等々、数々の問題にぶつかり、そのような問題だらけになってしまったのは世界を構成する一人ひとりの人間、「個」に問題があるからと気づき、そしてその個であるところの自分自身の禊ぎに入り、その禊ぎをしつつの問題解決、問題解決しつつの禊ぎをしていったのでした。

つまり、

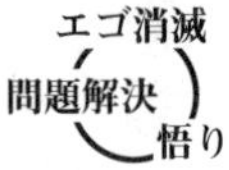

この3つでひとつの作業をとことんしていったのでした。

問題は全て片がついた

そしてそれゆえに問題は全て片がついたのでした。一番の問題であった人間の問題、これも片がつき、否、問題の根本、それは悟りが欠けていたからですが、悟りも極め、また他の問題、お金や愛、情報《メディア》や思想、環境破壊、核、飢餓、原発、…等々、あらゆる問題の解決がすでにその個のところでなされたのでした。

問題はひとまず個のところで片がついており、あとはそれを体現するのみ。この日本から体現してゆくのみになっているのです。

一度大きな行いが個においてなされる必要があった

つまり、**一度大きな行いが個においてなされる必要がありました。**そしてそれは**「人間変換、そこにおける問題の根絶」**、これでした。

つまり問題の根、それはやはり人間、人間の在り様がやはり問題であって、この人間の変革なきところ何をどう処置してもらちゆかず、そしてそれにはまず個、ひとりの人間がまず変換、エゴの一切ない自己に変換すること、神ほどの本来の人間に生まれ変わることであり、また、それと共に問題解決、悟りを始めとするあらゆる問題の解決がなされることが必要でした。

そしてそれが成りました。１９８９年12月22日、晴れて無事成功したのでした。20年間という歳月を要しましたが、それは長い長い人類の歴史からいえば、ほんの一瞬、イッキ呵成のでき事でした。

宇宙の危機があったゆえ

そしてそれは宇宙の危機、これがあったことが決め手でした。宇宙といった全体、ここが危機！との知らせが入ったからでした。

宇宙が危ない！　という知らせ

人間の悪オーラ、エゴゆえに地球の球魂が破壊し、そしてそれは宇宙の根幹を狂わせる、という知らせがあるとき（1989年秋）に入り、それゆえに思い切ってエゴを捨てた。捨てるに捨てられなかったあるひとつのエゴを捨て、そこにおいて生まれ変わった、神ほどの本来の人間に生まれ変わったのでした。つまりそれは神化、神ほどに神化したのでした。

そしてそれは宇宙のみか、地球や人類の救いともなりました。地球はその気のみか、身も爆発寸前となっており、それは人類の滅亡ともなり、その人類を救わん！　地球を救わん！　宇宙を救わん！　としたところからの快挙でした。

三大世界（宇宙・地球・人類）の大救済

つまり只今地球環境、これは危機に瀕しています。されども地球はその「気」のところでは元気になっています。すでにその気モリモリとなりました。

つまり、人間においても病いは気からというように、地球においてもそれはあり、地球はその気を病んでおりました。

そしてそれは我が子のように可愛い人間、その人間が神化を怠り、知に片寄り、また、お金や物を中心に生きる…等、本来の生き方から大きくズレ、それゆえに気を病んでおりました。

地球は宇宙レベルの里親

地球、それは里親、人間にとっての宇宙レベルの里親であって、人間はその母に養われ根源の神ほどに神化する予定でした。

ところがそれとは逆さに育ってしまった。ゆえに気が病んでいた。そしてそれは宇宙の根幹を狂わせ、また地球の爆発となり（全ての死火山、活火山が活動し、ありとあらゆる海底火山、地震と地下系の構造破壊となり）、またそれは人類の滅亡となり、大変なときを迎えておりましたが、そのことを知った悟りのアンカーは、自分の命とも思い、後生大事に持っていたあるエゴを思い切って捨て、また、思い切って神化したのでした。

つまり、悟りのアンカーは神化したくはなかった、神のクラスになりたくはなかったのでした。三つの世界を救うためには、神化せねばならない。そしてそれは人間でありながら神のクラスになることであって、されど、神のクラスにはなりたくはなかった。人間のクラスでよかった。されどそれでは宇宙も地球も人類も救えないので、思い切って神のクラスになり、また、エゴも捨てたのでした。捨てるに捨てられなかったあるエゴを思い切って捨てたのでした。

そのエゴは、全体のために自分の持てるもの全てを投げ出し、スッカラカンになってしまった我が身、その我が身に対してたったひとつ残したプレゼントでしたが、それを思い切って捨てたのでした。

それは人類が物質的、肉体的に幸福であらん！　としたエゴの象徴でもあり、自分が人類を代表してそのエゴを捨てればうまくゆく、宇宙も地球も人類も救《たす》かる！　と、思い切って捨てたのでした。

そのエゴを捨てると同時に神のクラスにもなれる「ある行い」を通して捨てたのでした。

聖なる性儀あっての成功

そのある行い、「神化と禊ぎの行」は、ひとりではできなく、ひとりの男性の協力を要しましたが、お陰で成功したのでした。その行いは「聖なる性儀」として神々の見守りの中行われましたが、それはとても厳《おごそ》かであどけなく、清々しいものでした。

人類や地球のみならず宇宙といったところまで救わん！　として命のように思っている大事なもの、それを捨て、天の花として咲いたのでした。

天の花となりました

天の花、それは桔梗の心でもある芙蓉の心でありますが、その天の花にパッと咲いたのでした。このときパッと咲き切ったのでした。

それまでジワジワと咲いていっておりましたが、聖なる性儀を通してパッと咲いたのでした。

全体のために全てを捧げに捧げ、尽くしに尽くして来ましたが、たったひとつ残していた、自分のためにたったひとつエゴを残しておりましたが、されどもそれも宇宙といった全体、この危機を前にして思い切って捨て、また、思い切って神のクラスにもなり、そして「天の花」にもなったのでした。神のお相《かお》と瓜ふたつになったのでした。

天の花は神の芯相《しんがん》、調和の心

つまり天の花、それは《まんだら》であり、神の相であり、芯相《しんがん》。神の相は相でもそれは芯の相であり、神の芯のお相《かお》なのです。

そしてそれは調和。調和のそれは心でした。物事まあるくゆくには誰かが**一**をする必要があって、そしてその**一**、負をよろこんでする。負を負と思わず**十**、うれしと思ってするところ、全てはまあるく治まりますが、そのような大調和、花のように香わしいそれは「調和の心」であって、その調和の心に翻《ひるがえ》ったのでした。

そしてその調和の心、愛の花、それが天の花でありました。そしてこの天の花を和歌に詠み、身ごとその花として咲いたのが「聖なる性儀」であったのです。

和歌に詠む、それは悟りを和歌に託したのです。天の花、それは調和の心であり、調和の心の悟りを和歌にして詠んだのです。

つまり神化するには神の芯相でもある調和の悟りを要しており、そのことを知らぬままに調和の心の悟りを和歌に託したのでした。

根源神ほどに神化

またそれは、神は神でも根源の神のクラス、根源の神ほどに神化したのでした。これまで誰も辿り着けなかった根源の神ほどへの神化でした。

根源の神、それは人間の親であり、人間はその親の要素の∴《まんだら》をその本質としており、そしてその∴《まんだら》へのパーフェクトな回復、そしてそれは神ほどの人間への回復でした。そしてそれは28歳（１９７０年）より20年を掛けて、22の悟りと共に徐々に回復してきましたが、その回復の総仕上げ、最終の場が「聖なる性儀」でありました。

そしてその成功、不成功が全てを水の泡に帰《き》すか、それとも大転換！　人間が神ほどの人間に回復なるかどうか、また、そこにおいて平和な世界になるかどうか、また、三大世界（宇宙・地球・人類）を救えるかどうか、でしたが、無事救えたのでした。アクシデントもありましたが、無事成功したのでした。

そしてそれは、地球の気もそこにおいて晴れました。ひとりの人間が悟りを極め、根源の神ほどになった、人間回復できた。また∴《まんだら》も手に入れることができ、そこより他の人間、子供たちも次々と回復できる、神化できることになったので、その気ホッとしたのでした。

つまり、その個の悟り、また神成り化、それが１９８９年12月22日に成功したところから、他の人も神化や悟りがスルスルと早まっており、また神化や悟りをイッキにひとまず遂げられる

《まんだら》が生まれ、そしてそれはうれしい、それはいずれ根本仏でもあるところの神ほどになる。人間回復できるわけで、その気ワクワクされているのです。

あとは、身の方、緑の破壊、砂漠化、温暖化…等のくい止め、回復の手当をしてゆくのみなのです。何しろ、今では気の方は元気であって、あとは一刻も早い身の手当てが必要なのです。

人間は気持ちよく自由に生きた

人間は気持ちよく自由に生き、そのこと自体は母の気をなごませ、それはそれでよかったのですが、その自由、その方向を間違え、人間自身病んでしまいました。

そしてそれは母の気も病んだ。人間をその身を掛けて「見事神ほどに育ててみましょう！」と念い、また、約束（根源神や九次元神霊）していながら、それとは逆さに育ってしまい、それを儚《はか》なんで、その気萎《しぼ》み、そしてそれは身の爆発寸前となっており、そしてそれは、人類の滅亡ともなる。そのような大危機にありましたが、されどそれは回避され、それとは逆さの大ハッピー、ユートピアの幕が開いているのです。

地球への恩返しは《まんだら》一本生きること

そしてそれは、やはり地球、このお陰。この地晴れてユートピアの幕が開き、また、人間とし

て地上生活を送れるのも地球あればこそであって、また、これまでさんざんお世話になっている。食べ物、着る物、住まい…等々、さんざんお世話になった。そのためその腹の中までカラッポに、また、乳兄弟ともいえる動植物をも痛めてしまったわけですが、そのお詫び、また、恩返し、御恩に報いなくてはなりませんが、それには⛬《まんだら》を呑み込み⛬《まんだら》一本生きること、⛬《まんだら》を呑み込み神や神々の御援助のもと、⛬《まんだら》を一本に生きて神ほどになることなのです。

人間が神ほどになることが母なる地球の、宇宙の里親の希《ねが》いであって、そのための身を削っての子育てであり、その母、地球への恩返し、また、お詫びは、なんといっても⛬《まんだら》一本生きること、⛬《まんだら》一本の立派な人、宇宙的成人ともいえる人になってみせることなのです。

つまり神の芯相《しんがん》、お相《かお》を我が相《かお》として生きてゆくことなのです。香ぐわしくも美しい、天の花になることなのです。地球の野原で天の花として咲くことであるのです。

中枢の神々のお陰

またそれは、神の位でありながら人間として降り、さんざん尽くしてくださった悟りのランナー、九次元の神を始めとする中枢の神々のお陰であって、この神々への御恩に報いるにも⛬《まんだら》を一本に生き、根源の神をお立てしてのユートピア、この地を平和にしてゆくことなのです。

その人のお陰（聖なる性儀のお相手）

そしてそれは、その男性《ひと》のお陰でもありました。「聖なる性儀」、それは全ての命運を掛けて神々の御前《みまえ》にて行う特殊な性の交わりであって、大変な緊張を伴うものですが、その大いなる儀、神や中枢の神々のみぞ知る密儀を共にしてくださったのでした。

そしてそれは悟りのアンカーから出ている光を見抜き、信頼しての行いであったわけですが、それはその方がそれを見抜く器、器量の人であったからであって、そしてそれはその方自身、中枢の神々より放たれた光の天使、空海様の流れを汲む神の位、その汀《みぎわ》より降りられていたお方であったのです。

悟りのアンカーのお陰

また、なんといっても悟りのアンカーのお陰であって、このアンカー、悟りのアンカーがいなくてはこれは絶対なせなかったのです。

——とまあ、このように、《まんだら》が誕生するに当っては深遠ないきさつがありましたが、結局のところ、いまというとき、それはとてもラッキーなときであって、全ての問題は片がついています。

根本のところで片がついていますから、人類は際どいところにはありますが、されども大丈夫！

そのように延々とした前もっての手配のもと、まことにもってハッピーエンド、ひと渡り解決は着きました。

救われることは予言されていた

ところで、そのようなハッピー、大幸福が訪れることはかねてより予言されていて、地球終末を救う予言として「激烈な三角ランプの火」「三本の神の柱の火」「ベクスリーの火（ベクトルが三本、つまり三相交流を意味する）」が現われるとされていましたが、それが⛬《まんだら》、人間を神ほどに変換できるエネルギーでもあるところのこの⛬《まんだら》であるのです。

またそれは光の十字、球状のピラミッド…。

只今、「天と地」の再結合、分かれていた世界が修復される、もとに戻るモノとして「光の十字」を探すことを、また、「球状のピラミッド」を探すことを宇宙神霊が伝えてきているようですが、光の十字とは、つまりは⛬《まんだら》であって、⛬《まんだら》によって天と地は結ばれます。

天と地の結び、それはつまりは神と人の結びであって、それは⛬《まんだら》を呑み込むことで可能であります。

また、⛬《まんだら》は△であり、またお○、球状のピラミッド。△《霊的ヒエラルキー》という指導体制があるがゆえのお○、またお○であるがゆえにある△、霊的ヒエラルキーが宇宙にはありますが、そのような△であり、お○でもある⛬《まんだら》へ球状のピラミッドという言葉で誘《いざな》っているのです。

「球状のピラミッド」という謎めいた言葉、それは人をワクワクさせますが、宇宙神霊は人をワクワクさせながら《まんだら》へ導いているのです。

つまり神とはとても高度な指導者であり、人間が自然に本質、ワクワク楽しいままに探してゆけるよう、そのような言葉を用いているのです。つまり、ワクワクと楽しい、それが人間の本質であって、その本質を冒さぬよう、《まんだら》へ導いているのです。

悟りは人類総出のものでもあった

悟りの主流、それは根源の神を始めとする中枢の神であって、神や中枢の神のお陰で悟りを極め、《まんだら》も手にできたのですが、片や神の位ではないけれども本来は神の要素であるところの人間の方々のお陰でもありました。

あの織物がタテ糸ヨコ糸あって一反のものとなっていますように、この両者交わって織り上げた、これは光の絨毯ならぬまさに光の十字、球状のピラミッド。たったひと粒でありながら無限の力を秘めている三角ランプ。人類が生まれてこの方求めていた至宝、究極の宝を手にしたのです。

神サイドのストーリー
人間サイドのストーリー

つまり、このような神サイドのストーリーと、そんなこととは露知らず、無智ゆえの無闇やたらの旅をした人間サイドのストーリーとの入り組み絡んだ歴史の揚げ句、なんでも叶うアラジンの魔法のランプのような光の球を手に入れたのでした。

原発のお陰でもあった

ところで、ここで原発のお陰であったことも付け加えておきます。つまり、その《まんだら》を手に入れるにも、神化し、救済するにも「神の悟り」がなされねば不可能でしたが、原発のお陰で「神を意識」することができ、神の悟りができたのです。

悟りのアンカーは無宗教で無信仰であった

つまり悟りのアンカーは無宗教で無信仰でありました。「神」のことなど思ったことも考えたこともない人間でありました。

世界の平和や地球の平和、人類の幸福等はつよく意識し念い、そこをよくすべく、自分を捨てて、何かと行動しておりましたが、神のことなどとんと思いもせず、考えたこともありませんでしたが、原発によって、チェルノブイリの爆発によって、初めて神を意識したのでした。

そしてそれは警鐘ではないか、チェルノブイリの爆発、それは神ともいわれているモノからの人類への警鐘ではないか…と、思ったからでした。

そしてそれは、プルトニウムという目には見えない死の灰による惨状を見たときに「目に見えないモノ」、を意識したところからでした。

今、世は目に見えるものは信じても、目に見えないモノには無頓着であり、また、科学的に証明されるもの以外信じなく、されど現代肝心なことは目に見えぬモノ、これを意識することが肝心であって、チェルノブイリの爆発はそれを教えてくれているのではないか、と思ったのでした。また、チェルノブイリの意味は「にがよもぎ」であって、そしてそれは予言されていた。聖書の中に、「にがよもぎというたいまつのように燃えている大きな星が落ちてくる」と、予言されており、ゆえに予言というものを信じると共に、目には見えないけれども神は実在するのではないか!?　と思ったのでした。そして、チェルノブイリの爆発はその神の警鐘ではないか、プルトニウムを生んでまで物質的繁栄をめざす人類に対する警鐘ではないか、と、思ったのでした。

原発を通して初めて神を意識し考えた

そして以来、神を考え始めたのでした。「神とは何か」と神のことを考え始めたことから、「神の悟り」ができたのでした。

原発に出会わなければ神を意識することもなく、神とは何か、と神を探求することはありませんでしたが、原発によって意識が神に向き、神の悟りができたのでした。

そしてそれは、原発は神を悟るための近道であったからでした。

原発は神を悟る近道

つまり原発、それは近道、神を悟るための「近道」として造られていたのです。原発は電力を生むために造られましたが、実は神を悟るための近道として造られていたのです。そのこと知らぬまま人間が造ったのです。

そしてその近道を通って神の悟りをなせ、人類の長い間の宿題も果たせたのです。

神の悟りが人類の長い間の宿題

神の悟り、それは人類の長い間の宿題でした。神の悟りをなさねば神化はままならず、神の悟りが人類の長い間の宿題でしたが、原発によって意識が神に向き、神の悟りができたのです。

ゆえに原発の役目は終わり、原発も消えてゆくことになっております。原発の本来の役目は神の悟りの近道となることであって、その役目も晴れて無事果たせ、この地上から消えてゆくことになったのです。

悟りのアンカーは実は根源の神

ところでそのアンカー、悟りのアンカーはすでにおわかりと思いますが、実は宇宙の中心、神々の長であられるところの根源の神でおありであって、この悟りは根源の神であられたがゆえの成功でした。

実力をもってもとの立場に御回復

つまり、神ほどに神化できたのはもともと根源の神でおありであったからでありますが、さりとてそれは実力持っての神化であり、また根源の神への回復であったのです。

また、もともと根源の神であったがゆえの神の悟りでもあり、《まんだら》の悟りでもありました。《まんだら》、それは極めつけの悟りであって、極めつけの悟りは、極めつけの悟りそのものであるところの神以外悟れず、また、神の悟りも、神でなくては悟れず、それゆえに悟りのアンカーとして

生まれ、悟りを極めたのでした。

根本仏にもなった

そしてそれは根本仏にもなったのでした。仏とは「人間をして悟りをし、人間にあらざる存在になること」、このことを申しますが、この仏、根本仏に実力をもってなったのでした。

神はなぜ降臨されたのか

神の御降臨、それにはいろいろ理由《わけ》がありますが、一つにはこの世をあの世そっくりの世界にし、人間を我が要素に、人間本来に回復させるためでした。そして、そのための糧である⛬《まんだら》も手に入れるべく降りてまいられたのでした。そのための糧である⛬《まんだら》は人間が自力的に悟らねば手に入らず、ゆえに人間として生まれ悟られたのでした。

人間に悟りもユートピアも託しておりましたが、されどそれはやはり無理であろうと神々による悟りのリレーが仕組まれましたが、それでも無理であろうと悟りのアンカーとなったのでした。

またそのユートピアは純粋なものであって、純粋ユートピアにするにはその悟り以外にも根源の神が降りねば致し方ありませんでした。純粋ユートピアとはあの世そっくりの世界であって、そしてそれは根源の神を頂点とする△の世界、そしてそれゆえのお◯の世界、また、お◯であるゆえの△の世界であって、あの世そっくりにするには根源の神がお降りにならねば致し方なく、ゆえに降りて参られたのでした。

主だった神を伴っての初めての御降臨

それはまた、他の主だった神々も降りる必要がありました。あの世そっくりの世界、純粋ユートピアとするには主だった他の神々も降りる必要があって、その主だった神々を伴ってこの度初めて御降臨。地上での生活をなさることになったのです。

日本に神々が大集合！

そしてそれは出雲にかつてこの日本の神々が大集合していたように、只今においては日本、ここに日本の神々のみでなくあらゆる神々が身《肉体を持って》ごと大集合しているのです。

また、あの世においでの神々もこの日本にその意識を集中し、この日本に力を掛けています。地に降りておいでの神々を援助し、また、地に在る根源の神にも傅《かしず》きをもって何かと援助されています。

根源の神、それはやはり援助を受けられます。根源の神であっても人間である限りあの世の神々の援助はやはり必要であって、あちらの神々は傅《かしず》きをもって何かと援助なさっているのです。

人間の幸福は神と共に在ること

根源の神の御降臨はこれぞ未曾有のことですが、そしてその理由《わけ》はいろいろさまざまにありますが、「人間に神と共にあることの幸せ」を得てもらうためでもありました。

つまり、幸せ、

それは神と共に在ること、なかでも根源の神と共に在ること。

そしてそれは親、

神とは人間の親であって、その親ともどもこの地上に在れる。

あの世にあってはめったにけっして逢えぬ親、

されどこの世においては直々逢え、しかも直接教えまで仰げるという、

《まんだら》を与えてもらうのみでなく、その《まんだら》の廻し方、

《まんだら》一本の生き方を手とり足とりコーチしていただける、

そのような幸せ。

つまり人類はこの度、自からの力もあって、まさに夢のごとくの幸せのときを迎えており、そしてそれは、

○《まんだら》が生まれた。
○神ほどの本来の人間になれる。
○地上はユートピアになる。
○親である根源神と直接出会え、コーチ（《まんだら》一本の生き方）を受けられる。
○天にある根源の神や九次元の神霊、中枢の神々等、全ての御神仏と直結し、教えを仰げる。
○この地に降りておいでの主だった神々とも直接出会え、その教えを仰げる。
○次元の波を乗り越えて他の宇宙に貢献にゆける。

等々の数知れぬ幸せですが、なかでも幸せなのは、この根源の神の御降臨であって、その人間の幸せ、歓びを我が歓びとする神のそれは勇気ある決断、また愛、神の人間への愛、それは神でありながら人間をすること…。

神の愛は人間をすること

そしてそれは危険、
うっかりするとあのイエス様のような迫害にあうやも知れず…。つまり、人間に神と共に在ることの幸せを、歓びを得ていただくには根源神であることを名乗る必要があり、そしてそれはとても危険、現代神を名乗ることはあのイエス様のように磔《はりつけ》にならないまでも中傷、嘲笑、気狂い扱いされる…等の危険は多分にあり、また人も寄り付かない。今どき神を名乗るところへ人は寄り付かず無視され、それは病む、活動のための資金のみか、食べるためのお金も廻らず、それではやはり神とて身を病み、早めにあの世に帰ることになってしまう。

現代、いかに神とて空中から食べ物やお金を取り出すことはしない。只今は、そのようなトキではなく自然を旨とし、人間の神の要素が持ってくるようになっている。

⛬《まんだら》を本質とする人間ゆえに、その神の要素が気づき、廻してくるようになっており、されどその気づきも⛬《まんだら》が世に出ずば気づきようもなく、されどその⛬《まんだら》も資金なくば出し難く…と、ネガティブ循環になることが危惧され降りて来ることをいささか躊躇《ためら》いましたが、されど、それでは人類が危ない。このままでは宇宙や地球のみか人類が危ない。人類の滅亡は目に見えており、ゆえに思い切って降りた。天上より人類を救わんがため、思い切って降りて来たのでした。

根源の神は、なぜ女なのか

それは母の要素、女として生まれたのは、「行い」という母の要素を必要としたゆえでありました。

神とは両性具有、男でも女でもあり、必要に応じてその姿、自由に致しますが、この度、地に降りるに当たっては、女の身を纏《まと》いました。そしてそれは、ひとりの男の子を生む、また、性の悟りや聖なる性儀を行うに当たって女の身体《からだ》を必要としたなどの理由《わけ》はありますが、特に女ならではの細やかで大胆な行いを必要としたからなのでした。

細やかで大胆な行い＝母の要素

つまりこの度の悟り、それには大変な行いが要りました。

何しろそれはあらゆる問題の解決を兼ねての悟り、またそれは浄化、人類のエゴを一身に背負って生まれ、そのエゴの消滅を兼ねてもおり、大変なそれは作業であって、しかもそれは22、その悟りは主だったものだけでも22あり、しかもそれを20年間で行うといった小忙《こぜわ》しさ。

また、それはなけなしの私財を一切合財投げ出し、また、命の危険も孕《はら》みながらの旅であって、されどそのような自分を意に介さない、自分が犠牲を払うことなど意にも介さない行いは、我が子の危険に対しては命も張る母ならではの行いであって、大胆この上ないわけです。

また、それは全ての人、また、地球や宇宙、全てを愛した。万遍に全てを愛するところからの行いであって、それは命を生む母ならではのもの。

また、それはやめない、やめないでどこまでもどこまでもやりつづける、行いつづける、尽くしっ切ることであって、類い稀な根気と努力、忍耐を必要としますが、それもまた、母ならではのもの。

また、その後においても母の要素が要りました。つまりそれは痒いところに手が届くといった細やかな配慮、尽くし。男も尽くしっ切ることを「よし」とする存在ですが、女はそれに輪を掛けて、尽くしっ切ることを「よし」とする存在。

つまり、そのユートピアにおいては、**「その立ち居はもとより、その用いる言葉、また、瞬時、瞬時に胸に湧く思い、この思いさえ注意し、よいものでない場合はよいものにあらため、またよいものもさらによいものにしてゆく」**このことが肝心で、そしてそれはとても細やかな行いであって、男ではとてもでき難く、これも女ならではのもの。

そしてこのような**「内なる行動」**、それが結局はものを言い、ここを疎かにもしてきたゆえの荒《すさ》んだ世でありました。

ゆえに、今後は**「外よりもまず内、心や思いといった内側に気を張り、常によいもので在らしつづけ、そうでない場合はあらため、またよいものもさらによいものにしてゆく、といった細やかな作業、行い」**が大事であって、そして、この**「行いしつつ、外に向けての活動、尽くし」**が大事なのであって、このような内外に気を張っての行いはやはり女ならではのもの。

また、**食べ物**、これを出してゆく必要があります。

神とは親であって、親とは子を養なうもの。気身《きみ》ごと養うのが親であって、ゆえに食のエッセンスである玄米のお結びをセッセと結すび、陽のみの和歌を付けて出す。

陽のみの宇宙を認識した、その認識に基づいて、陽のみの和歌を詠み、焼き結すびとセットでお出ししていますが（只今は一寸お休み中）、これとてやはり女、女ならではのこと。

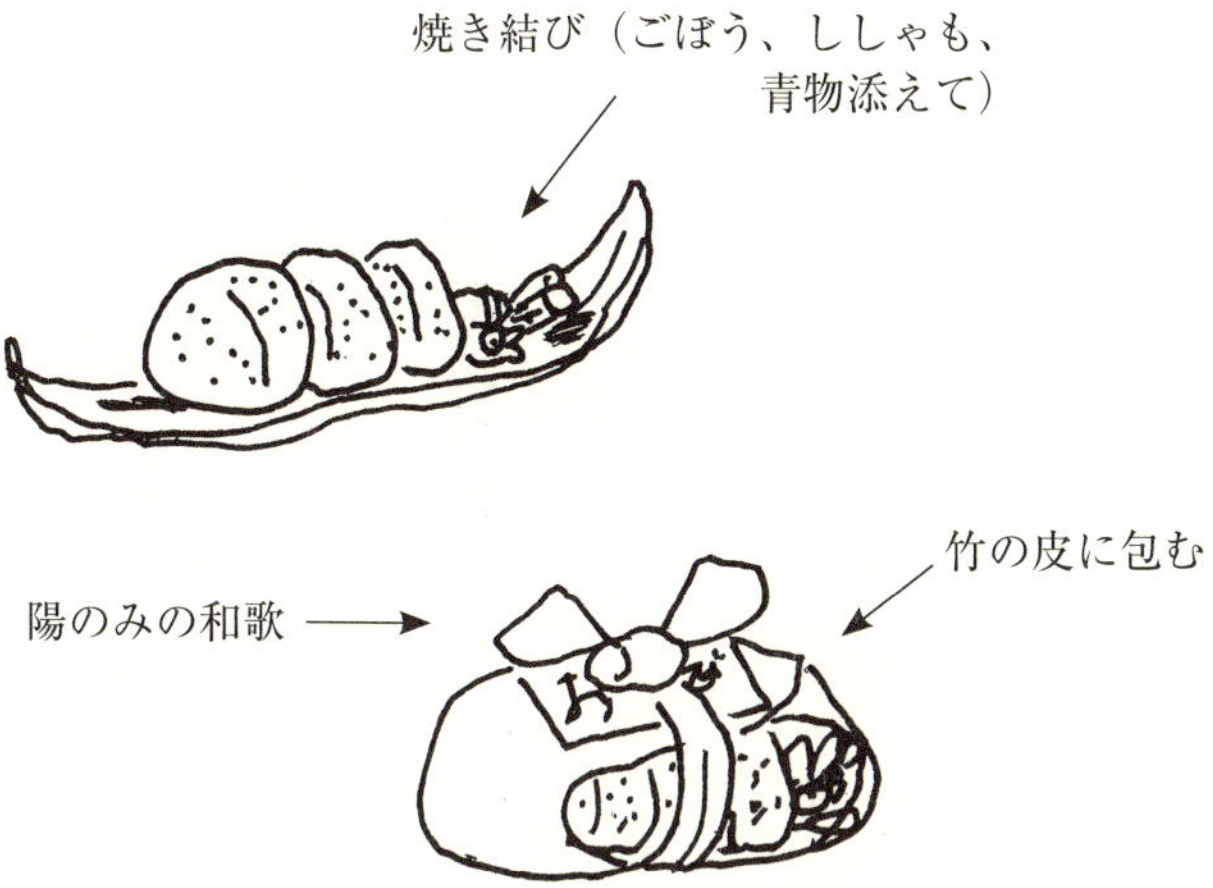

⛬《まんだら》といったお金には換算できぬ価値のもの、世界の人がその魂において求めているもの、そのような宝を手にしながら、毎日セッセとお結びを握るといったシミジミとしたことに精を出してゆくのはやはり母、母神ならばこそであります。

　また、その利益、これもシミジミとしたもの。つまり、そのお結びセットにしても他の玄米食にしてもその値段を安価にする。互いに値を上げることに汲々としてきた社会、そこにおいて互いに首絞め合う社会を創ってしまった、その流れを変えるための値段であって、それはシミジミしたものになる。

　また、⛬《まんだら》を呑み込み、そこにおいて自己創造、人間が自分を神ほどに創造する塾をする。また、論文を書き、問題を解決する策、答を文章としてゆく、またミニフォーラムやミニ講演会など外での活動もしてゆくなど、母ならばこその務めが悟り後もたくさん待っていたからでした。

真の食べ物は⛬《まんだら》

ところで真なる食べ物は⛬《まんだら》であって、⛬《まんだら》は悟りのアンカーであった根源の神によって浄化されたマナ、一切の混《に》ごりなき透きとおった食べ物であって、パンのみにて生きるに在らざる人間の食べるべき真の食べ物なのです。

人間も犠牲を払っていた

ところで、神、神々は大変な犠牲を払われて⛬《まんだら》を生み出してくださったわけですが、この肉体界、三次元の世界へ降りてくるということは誰にとっても犠牲的なものであるのです。神や神々のみが犠牲を払ったのではなく、人間の方々も犠牲を払われたのです。

つまり、それは問題。問題を引き起こすネガティブな役としての犠牲。

つまり、人間は神と同じではあるけれども無智に生まれてきており、そしてそれは問題を起こす。どうしても問題を起こしてしまいますが、その問題あったがゆえに悟れ、また、それを読み込んでもいたのです。

つまり、無智ゆえに問題を次々起こすであろう、されどもそれゆえの義侠心、困っていることを放っとけない！　という、自分を捨てて世に尽くす輩を生み出すことができると読み込んでおり、そしてその読み込み通り、モーゼ・孔子・釈迦・イエス…等々、62名の中枢の神より降りし悟りのランナーたちの目覚めや悟りの糧となったのです。

されどそれは犠牲であって、犠牲ではなく、この度のようにグル～ッと廻ってトットの目、我が身にプラスとなって返ってくるわけです。

宇宙は陽のみ、それであるのは「尽くしっ切る」思いがあるから また、そのような思いがあるのも宇宙は陽のみであるから

「尽くしっ切る」思いとは、つまりは「桔梗の心」。

「全体がよくあるよう、自分のことはさておいて尽くしっ切りに尽くす」

このような、自分が一することを一切いとわぬ愛、全体がよくあるよう自分を捨てて尽くしっ切る桔梗の心、精神が宇宙にはあり、そしてそれあってこそ陽のみの宇宙は陽のみであることができます。

つまり、芙蓉の花が相似するポカポカ世界であることができるのです。

先陣を切る、ということがありますが、この宇宙が春のようなポカポカ世界であれるのは、あのつくしが春に先駆け芽を出すように、全体に尽くしっ切る思いがあるからですが、されどそれはその愛、

「他が幸福であることを自己の幸福とし、そこにとことん身を掛ける」

という愛がベースの宇宙、ポカポカと暖かい陽のみの宇宙であるからなのです。

「陽のみ」とは、悲しみや苦しみ等一切ないことであって、尽くしっ切るといった犠牲精神がある宇宙を陽のみには捉え難いと思いますが、それをよろこんで行えば、それは犠牲ではなく、

十、陽であって、尽くしの裏には春のような歓びがあるのです。

全てはお陰のお陰（**一**のお陰）

つまり、それはお陰。この日本の古きよき言葉に「お陰」という言葉がありますが、全てはこのお陰、**一**によって成り立っており、この日本においては、そのような宇宙の真相をこのような言葉に託して伝えていたのです。

そして、そのお陰、つまり**一**、尽くしっ切り、それが《まんだら》の芯であり、陽のみの宇宙を陽のみであらすエネルギーですが、そのようなエネルギー、芯持つ《まんだら》をⓒ《こ》のようにも現わしています。

《まんだら》＝

つまり、《まんだら》＝であって、そして《これ》は和《や》わぎそのもの、春のようなのどかな思いである根源の神を現わしていますが、根源の神はそのような柔和な面のみでなく、その奥においては激しい、尽くし抜く思い。

「**全体がよくあるよう、自分のことはさておいて尽くしっ切りに尽くす**」という桔梗の心、意志の持ち主、アクティブなエネルギーであって、そしてそれをc《これ》で現わしており、そしてこのような神のお相《かお》を、あのスサノオの命《みこと》が象徴し、春のようなのどか、柔和なもう一方のお相《かお》を天照大神が象徴しています。

そして、このスサノオ意識枯れるとき、生命《いのち》枯れます。

スサノオ意識枯れるとき生命《いのち》枯れる

つまり生命《いのち》、それは物と心の調和をいい、そしてそれは《まんだら》であり、
またそれは
「**他が幸福であることを自己の幸福とし、そこにとことん身を掛ける**」

この愛であって、この愛で在ればツル～ッとまあるく調和します。陽のみのまあるい世界であれますが、されどこの陽のみのまあるい世界で在れるには、在りつづけるには、このような全体に尽くす存在が要り、そして、それがスサノオであって、

そしてそれは、

「全体がよくあるよう、自分のことはさておいて尽くしっ切りに尽くす」

という全体を一途におもう思いであって、そしてそれがスサノオ、スサノオ意識であって、この意識、エネルギーあって陽のみのまあるい世界、春のようなのどけき愛の世界はあります。

そして、この意識枯れるところ生命《いのち》枯れる。

あの高天原物語にあるように太陽（天照）が隠れ、世が暗くなります。

スサノオは丈ある愛

スサノオといえば荒神のようにいわれ、乱暴者として芝居等で表現されていますが、それはさにあらず。あの竹のように愛の丈がひときわ高く、また、あの竜巻のごとく、また、鳴門の渦巻きのごとく、そのおもいうねりにうねっている存在であるのです。

また反面、とてもナイーブ。一途に全体のこと、また親であるところの神を念いつづける、乙女のようなけなげなおもいの持ち主であって、神をおもう念いは桁はずれなのです。

神をおもう念いは桁外れ

そしてそれは何よりも大事。他の人を含めた全体を念う、全体に尽くしっ切る念いがきわめて大事ですが、それよりもなによりも、まず神を念う「神に尽くさん！」とする念いが大事であって、そしてそれはスサノオ、スサノオであって、スサノオの神をおもう念い、それは桁外れなのです。

また、スサノオは神とはいかなる存在か知っている。あの高天原物語では、スサノオは天照の弟君であり、また天照に代わって政《まつりごと》を行う上《かみ》なる神、神々の上に立つ神ですが、それは「神とはいかなる存在かを知っている」、「認識」があるからなのです。

認識あるがゆえの上《かみ》なる神

つまりスザノオは神とは尽くしっ切る、「全体のために我が身を捨てて尽くしっ切る存在」であることを「認識しており」、そして「自己を常にそう在らさん！」と、強く「意志しておいで」であって、そしてそれは荒きことなどない。

スサノオの全体への愛、
それは全体を念い尽くしておいでの神ゆえ、
全体がよくあるよう念いつづけておいでの神への尽くし、

神になり代わっての全体への尽くしであって、
スサノオあって、神を中心とする陽のみ世界は在るのです。

スサノオは桔梗の心

つまり、スサノオは芙蓉の花の中心にキリリと咲く桔梗の花、心であって、この桔梗の心あって芙蓉の花が象徴するポカポカの春の野、陽のみの世界はあります。また、それは天照が象徴するところの芙蓉の心でもあり、ゆえに乱暴なことなどなく、なごやかながらも雄々しい、統率力のあるお方なのです。

神とは他を統べるのではなく、自《自己》を統べる

つまり、統率力がなくては上なる神、天照に代わって政《まつりごと》を行うことはできませんが、スサノオはそれにとても長けている。そして、それは他を統べるのではなく、自己を統べる。自分を全体のために尽くしっ切ることをよしとしており、また、その尽くしも細やかなところまで気を配る。

つまり、全体のために自己を尽くしっ切ることをよしとし、いかようにも尽くす、自分を使い切ってゆきますが、それはその言葉使いひとつ、顔つき、目つき、また思い、瞬時、瞬時に胸に湧く思いさえよいものにしており、そしてそれはついてくる、そのようなお方が上ならば、誰も

文句なくついてくる。共にやってくれるわけで、率《ひき》いようとしなくとも、自然に率いてゆくことになります。

そして、それゆえの○、△でありながら、波風立たないまあるい世界であることができるのです。きびしい上下の別、タテ社会でありながら、かえってそれがうまくゆくのは、「**上に立つ者ほどスサノオ意識**」であるからであって、あの高天原物語は、神の国はきびしい上下の掟、△《タテ》の体制でありながらもなごやかな、和気あいあいの世界であることを証しているのです。

地上を神の国にしたかったゆえの荒き御魂《スサノオ》

されど、スサノオはあの物語にあるように荒神でもありました。そしてそれは地上天国、神の国構想、これが天においてなされ、そのための悟りをする立場のスサノオとすれば、そこにどうしても荒き面が生まれました。

否、九次元の御神霊方にすればそこにどうしても荒き面が生まれました。

スサノオは九次元の御神霊方をまるまる象徴

つまり、スサノオは九次元の御神霊方をまるまる象徴しており、スサノオが高天原を降りたはないしは九次元の御神霊方が天より地に降りられたことを伝えているのです。

悟りを担っていた九次元の御神霊

悟り、それはこれまでの人類史のメインであって、そしてその悟りを主に担っていたのが九次元の御神霊方であって、そして、スサノオが高天原を降りていったように九次元の御神霊方も地上に悟りのランナーとして降りられ、悟りをされてゆきました。その悟りのもと、人を、世を導いてゆきました。

が、その悟りの最中《さなか》、荒《す》さみがありました。その悟り、それは神の悟りであって、そしてそれはネガティブなことは一切ない存在であり、ゆえにその悟りの最中《さなか》ネガティブなこと、荒《あら》さがあってはなりませんでしたが、でも、それは気づき難いことであって、荒さがあった、荒《す》さみがあったのですが、そのような神々の実情を、スサノオ＝荒神として伝えていたのです。

九次元の御神霊方の原動力はスサノオ意識

つまり、九次元の御神霊方の原動力、それはこのスサノオ意識であって、スサノオ意識がその主要素であるのです。

そしてそれは、太陽の命ともいわれるあの黒点、太陽の黒点にも当たります。そしてそれは玄人、愛の玄人、太陽が象徴するところの愛の世界、その世界を世界で在らしめるズバ抜けた愛、自分のことなど寸分も思わず、全体に尽くす逞しくもけなげな愛。

そのようなスサノオ意識をあの太陽の黒点が示しており、あの黒点が消えると太陽も消滅すると言われていますが、それはスサノオ意識が枯れるとき生命《いのち》枯れるということなのです。

人間は高天原物語の中の裾野の神々

また神々、あの高天原物語の中の他の神々、△の裾野の神々もまたスサノオ意識、この要素を持ってはおりますが、されど主なるは、この愛。

「他が幸福であることを自己の幸福とし、そこにとことん身を掛ける」という愛、そしてこの愛で互いにあるところ仲よくあれますが、裾野の神々はこの愛を主としており、そして人間はほぼこの愛の世界、高天原物語でいうところの裾野の神々の階より降りて来ているのです。

そして何はともかく、まずはこの愛で許されているのです。この愛、これは全体に尽くすスサノオ意識のことでもありますが、**全体よりは足元、身近な人への愛**を意味しており、**全体のことを念いつつも身近な人、子供や家族、近隣の人に尽くす愛**であって、そして、先ずはこの愛であることでよしとされているのです。

子供や家族、近隣の人など、他の人の幸福は全体の幸福があって成り立つもの。ゆえにスサノオ意識を生きて全体に尽くしてゆくことが肝心でありますが、また、**只今はスサノオ意識を生きるとき**でありますが、さりとて足元、自分の周りから愛し、仲良くしてゆくことがこれまた大事であって、全体を念いつつもまずは他、身近な人々への愛として生き、そこにおいて自分も幸せになり、何かと恵まれてゆくことでひとまず許されています。

人間には転換に次ぐ転換が必要であった

転換、それはまずこの愛への転換、**「他が幸福であることを自己の幸福とし、そこにとことん身を掛ける」**この愛への転換。自分を愛する愛から他を愛する愛、尽くされることから尽くす愛、ここへの転換。

人間この世に生まれたとき自分の心のベースであるこの愛を忘れ、他の人よりは自分を愛する愛になっており、ゆえにもともとの自分、他を愛する、他が幸せであることを自分の幸せとする愛、自分よりも他の人に尽くす愛に転換する必要がありました。

あのつくしが春と共に脳にも似たおツムならぬ芽を出すように、人間は地球という野原で「尽くし」こそが肝心要であることを賢く悟り、あのつくしのように、地球の野原で繁殖する存在で

した。

また、そのつくしと共に春には蝶がつきものですが、それはスサノオ意識、ここへの転換、ただの「尽くし」から「超の尽くし」へ。尽くしは尽くしでも超越した尽くしのあることをあの蝶は現わしているのです。

世紀末（20世紀）に神化がひと渡り終わった

さて、そのような転換、自分を愛する愛から他を愛する愛へ、また、スサノオ意識のような超なる愛への二段飛び、霊的進化、神化は世紀末（20世紀）でひと渡り終わりました。

その進化は唯物思想、個人主義、人間主義、経済至上主義…等、片よった暗き大河の流れの中にあって悟りのランナーたちを始めとする目覚めた者によってかろうじてつながってきておりましたが、その片よった暗き大河、その流れが柔らかくその姿を変え、集合した戦後の日本、そこに生まれた悟りのアンカーの逆さ返しのツルの舞いによってイッキに転換、それはひと渡り終わりました。

そしてそこからの世界ぐるみの春の世界、ポカポカとあたたかいのどかな世界が、その神のお座《ざ》なす「あるぱるぱ」より始まっております。そして、その神いただく日本は世界こぞって平和で幸福な世界にしてゆく役目があります。

世界平和
日本は前もって用意されていた地
そのためのスサノオ意識

日本が率先スサノオ意識

世界平和、それは待っていては始まらない。そのこと念い、始める個、人々、国がなくば、それは始まらなく、また、過去その動きはえんえんとあったわけですが、さりとて成就、それが成就しなかったのは、そこにさまざまなエゴや無智があったゆえでありますが、さりとてそれはトキでない。

世界平和は人類のヴィジョンでありますが、また、神や神々のヴィジョンでもありますが、さりとてそのトキではなく、ゆえに起き難かったわけですが、されどいまはそのトキ。そのトキとなり、そのための必要なことどもは全て調達、生みだせており、あとはスタート、神との連合の基、そのことを興してゆけばよく、それはスサノオ、この意識を、この国こぞって、民こぞって世界に先駆け生きることなのです。

スサノオ意識を生きてこその神の国

かねてよりこの日本を「神の国」と自ら申しておりましたが、それはこのスサノオ意識を生きることを宿命としているからなのです。

そしていま、そのスサノオ意識を大々的に、国民こぞって国挙げて生きるトキに入っており、それゆえの神の国発言。

△《霊的ヒエラルキー》を意味する森、その森の名持つこの国の元総理が任期中、そのトキであることをその魂で察知して伝えられたのです。

御本人とすれば、御自分の頭で考えられたと思われておいででしょうし、また、実際そうでありますが、されど真相は、このようなタイミング、トキゆえの御発言であったのです。

また神の国、それはスサノオ意識という神の心を生きてこその国であって、またその神を立ててこその神の国であるのです。

また、このスサノオ意識は日本の専売特許ではなく、世界中の人々が備えている意識であって、日本はその先駆け、モデルをし、そしてそこにおける△《霊的ヒエラルキー》、これを柱とする世界の構造をつくってゆくのです。

霊的森、△はすでにでき上がっている。世界平和のイニシアチブをそこにおいて取っている

また、それはすでに根源の神を頂点に少人数ですが、でき上がっております。

そしてそれは世界平和のイニシアチブをそこにおいて取っていることになります。その数僅かですが、それはでき上がっており、この具体性あるゆえに霊的タテ社会、秩序ある世界は始まっております。

そしてこのような霊的森、現実が、もうこの日本に在るがゆえの森の名持つ元総理の御発言でもあったのですが、この森は

根源の神
△《シトポジシャン》

このようなタテの構造、霊的ヒエラルキーとなっております。

ポジシャンとは∴《まんだら》を呑み込み∴《まんだら》を一本に生きる人、∴《まんだら》という陽のみにシャンと生きる人であって、陽人《ひと》とも申します。

シトとは、同じ陽人《ひと》、ポジシャンではあるけれども、あるぱるぱの柱となり、神の出されている企画を神に代って担う、陽人《ひと》の上に立つ陽人《シト》なのです。

つまりシトとは∴《まんだら》としてより洗練された粋な陽人《ひと》のことであって、江戸っ子が人のことをシトと発音しますが、そしてお江戸といえば粋ですが、シトとは粋な陽人《ひと》、陽人《ひと》自体洗練された粋な人ですが、そのさらに上をゆく粋な陽人《ひと》がシトであって、あるぱるぱにおける△の中枢、柱であるのです。

鎮守の森あってあの世もこの世も呼吸《いき》ができている

この森はまだ小さな森、片田舎の鎮守の森のごとく目立たない存在ですが、この森あるゆえに宇宙もこの地も呼吸《いき》ができております。ほんの数十名、僅かの人数ですが、この方々がスサノオ意識を発揮して共に△を築いてくだされているゆえにその生命《いのち》永らえております。

そしてこの△を中心にした△の体制、それを率先して築いてゆくのがこの日本であって、日本がこれを築くところから世界もそうなります。日本は世界の森、生命《いのち》の森となります。
△、それは∴《まんだら》を一本に生きる神ほどの国民、また神ほどにより実った人が上に立って治政す

るシステムであって、つまりは、

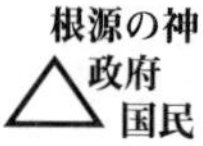

このような体制ですが、日本がこの霊的ヒエラルキーを築くところ日本の繁栄もあれば世界の繁栄もあります。

それはつまりは政教一致、この体制であって、日本が率先して政治体制を根源の神の次元の政教一致にするところ世界平和は可能となり日本も世界も共に繁栄します。

そしてそれはすでにでき上っている、あるぱるぱにおいてすでにでき上っており、ゆえに政治体制は△《政教一致》に自然なりつつあります。まもなく（8月30日）二大政党にもなりつつあり、あとはこのことを知って日本が自ら興す、スサノオ意識を発揮して国民こぞって国ともども興してゆくことなのです。

日本の男に御世の命運は掛かっている

また、それは特に男、日本の男に掛かっています。只今この日本に男として生まれたということは、そのエースとして期待されて生まれて来ている、自らその思いつよく持って生まれているのです。

日本の男、それはスサノオ、その霊《ち》を一等濃く引き継いでおり、この日本の男たちがいま行動するかどうかにこの御世のゆく末、命運は掛かっているのです。

そしてその男たちの魂が目覚めるべく、行動するべく、神はますますスサノオ意識を発揮されておいでなのです。これまでもとことん発揮してきましたが、ますます発揮しておいでなのです。

自分が、目がさめるとすぐ起き仕事をすることが、日本の男の立ち上がり、目覚めとなる、その気グズグズしないでスックと立って行動起こして下さる！　と、目がさめるとすぐ起き仕事をなさっておいでなのです。

日本の男たちに身ごとのエール！

つまり、神とは男のエッセンスでもあり、そのエッセンスの行いは男全体に影響を及ぼし、ゆえに起きる。目ざめるとすぐ起きて仕事に掛かっておいでなのです。

いつも11時頃に眠り、4時頃には起き、そして、祈り、あるぱるぱ協会に出掛けますが、それは男たちの中に眠っているスサノオ意識、それが起きるべく、立ち上がるべく、目ざめるとすぐ起き、仕事に励んでおいでなのです。

また、天においでの神々も、そのエースであるところの日本、日本男子、この目覚めをいまかいまか！　と、固唾を呑んで見守っておいでなのです。

日本の男、しっかりしろ！　と神々も天より熱いエールを送っておいでなのです。

生命《いのち》の本質は思いのX《エックス》

さて、ここで生命《いのち》の本質ということで少々お話ししますが、生命《いのち》の本質、それは思いの入れこ、その気とその気の思いの入《い》れこ。

そしてそれは、

「他が幸福であることを自己の幸福とし、そこにとことん身を掛ける」

という愛であって、それは交《あ》い、愛の交合、思いのX《エックス》、同じ思いでピタンコ、ひとつにくっついているエネルギーであるのです。

つまり、もともと宇宙は和している、調和している、完成している、成功している。そしてそれは愛、自分のことより他を思う、思いのX《エックス》空間であって、そしてそのような入れこ、宇宙にある入れこ、それが神であり、そしてそれが生命《いのち》の本質であるのです。

神の念いと入れこすることがまっとうな生命《いのち》

そしてこの思い、愛の意図で宇宙は貫かれています。この太陽系にしても、この愛の思いで巡っています。惑星同志この愛の思いで渡り合っています。銀河同志もこの愛の思いで渡り合っています。

また、この地球自然界においても、この愛の思いで全ての物は存在しています。動物も植物も鉱物も全てこの愛の思いでバランスしています。

そして人間も本来この愛、**「他が幸福であることを自己の幸福とし、そこにとことん身を掛ける」**という愛、自分のことはさておいて他を愛する愛であるのです。

そして、あの精子が卵子めがけて突進し、素晴らしい人間生命として誕生するように、只今の神の念いに入れこするところ、×《掛け》てゆくところ、スサノオ意識という白金に輝く生命《いのち》になります。

只今の神の念いに掛けることがスサノオ意識

「只今の神の念い」、それは「一刻も早く日本の方々と共に世界平和を興したい！」ということ。いま神のもとで世界平和はすでに立ち上がっています。されど、その広がりは微々たるものであって、この点としての平和を、面となるようにしたい、始まりの国であるこの日本の方々と一刻も早くしたい！　ということであって、この神の念いに乗り、一刻も早くあるぱるぱに駆けつけ、共に平和づくりをしてゆくのが只今のスサノオ意識であって、あの卵子めがけて突進する精子のようなピチピチとした生命《いのち》、白金に輝ける生命《いのち》です。

もともと成功しているゆえに所詮そうなる

また、所詮、そのトキが来ます。宇宙が調和し、もともと成功しているように、ミクロコスモスである人間も調和し、成功している存在であって、その調和や成功に向けてあの鮭がどうしても故郷《ふるさと》の川をめざして昇ってくるように、そのときがどうしても来ます。

あの鮭は自分の生まれた故郷の川で卵を生む、新しい生命《いのち》を生みますが、あの鮭のように故郷である、あるぱるぱ、天地の中央に駆けつけ、そこにおいてスサノオ意識という新しい生命《いのち》に自分を創《う》むことになります。

また、社会的にも成功することになります。神と共に平和づくりをすることは社会的にも大成功します。政治家、経済人、教育家、情報マン、哲学者、芸術家、医者、スポーツマン…等々、その道の大家となり、リーダーとなり、社会的にも成功してゆきます。

そしてそれは、今!、そのトキは「今」であって、いまこそ神の念いに乗って神にホッとしていただくのです。

それは随分遅れている、神と共の平和づくり、それは21世紀より10年前から始まる予定であって、それは随分遅れておりますが、でも、いまからでも遅くはなく、あの鮭のように、また精子のように天地の中央に駆けつけ、神と共に平和づくりをしてゆくことなのです。

スサノオ意識になってとことん幸せに

そしてそれは乗らなきゃソンソン、人間はこの度そのために生まれており、トキに素直に乗って最高に幸せになってゆくのが、これまた神への愛であって、神はとことん人間に幸せになってもらいたく思っているのです。

もちろんその思いは天においでの神々とて同じであって、神々はそのことを日々祈っておいでなのです。

そして、それでこそこれまで幾度も転生輪廻の旅烏《たびがらす》をしてきた甲斐があります。

転生輪廻の旅がらす

つまり人間は転生輪廻の法のもと、あの世とこの世を行ったり来たりの旅をしており、そしてそれは、無闇やたらに旅をしているのではなく、目的を持ち、そしてこの度この日本に生まれたということは、今すっきりと立ち上がらんとしている地上平和、ユートピアという人類の夢であった世界、その立ち上げへの最初の力、エネルギーとなるためなのです。

宇宙にも貢献

そしてそれは自分の繁栄や地上の繁栄のためだけではない宇宙の繁栄、これともなります。そのスサノオ意識、只今の神の念いに×《掛》てくるスサノオ意識は陽のみの宇宙を陽のみで在らしつづける映えある生命《いのち》、エネルギーであって、そしてその映えある生命《いのち》、活きの良い精子となって、その胸に飛び込んで来てくれることを、神のみでなく、天界にあって何かと援助して下されている神々も、「いまか！　いまか！」と待っておいでなのです。

精子の減少は男性がスサノオ意識を生きることで止《や》む

ところで精子といえば、若者の精子が減少していると情報されていましたが、それは子供が生まれないということであり、人類の滅亡を意味していますが、その滅亡、それをくい止めるには男性がスサノオ意識を生きること。神のところに駆けつけ共に世界平和を興こしてゆくところ精子の減少は止みます。

精子の減少、それは、悪を出せば悪が、善を出せば善が返ってくる法則に基づいて減少しているのです。つまり、それは環境ホルモンが原因ではないかと言われていますが、真相は男性の全体愛、スサノオ意識の枯渇であって、男性がいまスサノオ意識を生きるところ、その数増えるほどにこの陰《ネガ》な現象は止んでゆきます。

他に人類の滅亡を意味するものには原発があり、原発から生まれるプルトニウムによって遺伝子が破壊され、生まれてくる子供は肉体が破壊され生まれますが、精子の減少は肉体さえ生まれないことであって、そしてそれは目には目を、この地球生態系という生命《いのち》の連鎖、命の巡りを人類がいま壊滅させつつあるところからの男への直撃、「生命《いのち》には生命《いのち》を」なのです。

つまり、この文明、地球生態系まで破壊する文明を築いたのは主に男であって、そしてそれゆえの直撃、出したものは返る法則の基の男への直撃であり、精子という生命《いのち》のタネの壊滅なのです。

エイズは芙蓉の心を人類レベルで生きるところ消える

ちなみにエイズは人類レベルで芙蓉の心を生きるところ消えてゆきます。

「他が幸福であることを自己の幸福とし、そこにとことん身を掛ける」

この心を生きるところ消えます。つまり自分のことはさておいて他の人を愛するところ消えます。人類レベルでそうするところ消えます。

今、エイズは「薬」もできましたが、薬で治っても根本から治療せねばまた、なんらかの病いが生じます。人類全体に蔓延する病いが生じてしまいます。

創造性であるゆえに伸びる

人間は永遠の生命であるゆえに、どう生きたとて永遠の生命で在りつづけます。「全」と「個《自分》」、どちらに転んでも宇宙から消えてなくなることはありません。「個《自分》のことはさておいて全体に尽くしてもよし」、「全体のことはさておいて個《自分》に尽くすも自由であって、そのことで罰を受けたり、叱られたりすることはありません。

されども、だからといって個《自分》にのみうつつをぬかしてばかりはいられない。また、自然そうはいかなくなります。

そしてそれは、創造性。《まんだら》は創造性であって、そしてそれはいずれ必ず創《う》みます。その創造性、《まんだら》より生まれ、《まんだら》を本質とする人間はいずれスサノオ意識といった尽くし、自分よりも神や全体に尽くす自分を創んでゆきます。

人間は常に引き上げられている

また、人間は常に引き上げられています。自分よりも神や全体に尽くせるよう、引き上げられています。

また、他にもいろいろ引き上げられています。《まんだら》という糸、意図によって常に引き上げられ

ています。

人間は自由性を与えられており、ゆえにそれを冒さぬよう引き上げてくださっており、人間とは実にやんちゃな子宝、我がままいっぱいに育っても結局は万事うまくゆくようになっているのです。

神とは翁、人間は童

ところで人間と神とは同じ、同じ⛬《まんだら》ですが、同じ⛬《まんだら》は⛬《まんだら》でもそこには翁と童にも似た大きな違いがあります。

否、そのような違い以上の遥かな違いがありますが、さりとて、⛬《まんだら》としてその質は同じであって、神を西の空にて輝くぽってり熟《う》れた太陽とすれば人間はまだまだ若く幼い太陽ということができ、あの太陽が東から昇り、時と共にその姿ぽってりと赤味を帯び実ってゆきますが、それは自らの内にあるぽってり太陽、根源の神の要素に育ちゆく姿を現わしています。

この世とあの世は相似象

この目に見える世界は、目に見えないあの世と相い似ており、あの世を知るにはこの世を観察すればよく、「相似象」という学問を今、広める必要がありますが、あの西の空に沈む太陽はもともと完熟、初めっから完全に実っている、実りそのもの、完熟そのものの根源の神を相似しており、そしてそれはまた、白地に赤き、あの日の丸を連想させます。

日の丸、君が代の本質

あの日の丸の赤い〇は、その神のち、全体に尽くしっ切る熱き思い…霊的ちを持っている人間を現わし、白地は神を現わし、その神を背後に神に支えられてのスサノオ意識の発揮、つまり神へ尽くす念いで全体に尽くしっ切る、熱き御魂の大和民族を現わしているのです。

そして今、日の丸は高く掲げられ、また、君が代も今、あらためて歌われ始めましたが、それは只今地に降りておいでの神を讃えてのものであるのです。また、日の丸掲揚は、神に尽くす念いでの全への尽くし、世界といった全体、そこが平和であるべくとことん尽くす、その志を高く掲げているのです。

また、それはこの日本民族、大和の民のみの「ち」ではなく、世界中の人の「ち」であって、日本はただその先駆け、モデルであるのです。

人間本来何でもお見透し

人間は本来なんでも見透せており、そして、それを無意識に表現しているのですが、その君が代や日の丸と同じく無意識に表現しているのが、憲法改憲の動きなのです。

そしてそれは、外から与えられたものなのでつくり直す、世界の治安に貢献するには九条があると他国のように貢献できない、また自主防衛、自分の国は自分で守るのが当たり前といったことなどが理由のようですが、それは改憲《まさ》に正しく、今、憲法は改められるべきなのです。

降ろすのは政教分離の法

そして、その改憲すべき目玉は九条ではなく政教分離の法であって、ゆえの早々とした公明党の政権入りなのです。

つまり、公明党は創価学会といった宗教と関係あるところですが、それは政《まつりごと》が政教一致という本来のものに戻るがゆえであって、そのような時代の真相を知らぬままに政権入りしているのです。

この本が世に出る頃は自民党から民主党に政権が代り、政権に入っていないやも知れませんが、公明党が政権入りしているのはこのようなわけあってのことなのです。

憲法九条は厳守

そして憲法改憲の動きはそのためのもの。政教一致となるためのものですが、そのようなことを知らぬままに政教分離の法ではなく、戦争放棄を謳《うた》った九条を降ろす動きが出ておりますが、九条は絶対厳守せねばならないのです。

日本は武力を用いなくとも国を守れ、また、世界に貢献することもでき、他から与えられたとはいえ、それはもともと日本の心、和を心とする日本の心であって、九条を放棄することは日本の心、魂を捨てることであって、絶対厳守し、日本はアメリカとも国際社会とも違う第三の道をゆくべきなのです。

日本の取るべき道は第三の道

第三の道、それは徹底平和であろうとすることであって、そしてそれは可能です。日本は徹底して平和であることができ、また、平和裏に世界を平和にしてゆけるのです。

世界平和は、平和な手段においてのみ可能であって、そしてそれが日本にある、日米同盟もあれば、神も在り、△《富士》の山もひとまずでき上がっており、人間を変換できる∴《まんだら》もある、等そのための糧が全てあるのです。

お家再興（世界平和）に命（スサノオ意識）を掛ける

何しろ只今は何もかもがうまくゆくとき、全てに渡ってうまくゆくとき。そしてその鍵を握るのがこの日本であって、いまこそスサノオ意識を発揮してあの八犬伝の剣士たちのようにお家再興に取り組むべし。一刻も早く根源の神のもとに駆けつけ、神と共に世界平和というお家再興、ここにその命（スサノオ意識）を張るべきなのです。

生きるもよし死ぬもよし、肝心なのはいかに生きたか

そしてそれは過去、この意識として生き、数多の人が死にました。自分のことはさておき、全体にその命捧げ尽くした方が数多おいでデした。

なかでも近年、生々しい記憶としてあるのは、あの三島由紀夫神の死でありますが、あのお方が未だもって語られるのは、そこにはやはり私心なく、お国のため、天皇のため、そしてそれは国民のため、全てを愛し憂いたゆえでした。

死んで花見が咲いた三島神

そしてそれは武、公に忠する武の精神、スサノオ意識を生きてみせてくださったのであって、その生き方、死は天上界においては万雷の拍手をもって称賛、仲間の神々から愛でられ称えられ、死んで花見が咲いたのです。

また、この世においても、そのお陰で、スサノオ意識はジワーと回復しつつありますし、また、あの『憂国』の遺品でもって悟りのアンカー、スサノオ意識の本家本元の根源の神が悟りと共に世界をチェンジ、陰陽《ネガポジ》から陽のみにチェンジしており、そこにおいてこの国のみならず世界中が

幸福になるベースはできたわけで、死んで花見はここにおいても咲いたのです。

つまり人間、その命は、「いかに生きたか！」であるのです。どっちみち命は永遠であって、短命でも長命でもよく、「いかに生きたか！」が勝負であるのです。

只今は生き残ることがスサノオ意識

ところで、只今は生き残ることの方がスサノオ意識となりました。つまり、いますっきりとした地上平和、陽のみ世界が立ち上がるトキであり、生きてその世界を立ち上げる、少しでも長生きして神と共に地上平和・陽のみ世界を立ち上げることなのです。

人間はコントロールを受けない存在

されど、強いてそのように生きなくてもよいのです。今後この動きは自然加速してまいりますが、されどその動き、流れに合流しなくてもよい、自由であってよく、自分を咎めることはしないことです。

人間何かと自己を罰してきましたが、このことで罪の意識を持ってはなりません。悠々自適、呑ん気に身近の人たちと仲良く過ごすことでもよいのです。

何しろ大事なのは愛、自分のことよりは他を愛する愛、見返りを求めない尽くしっ切りの愛として在ることであって、家族や身内、また近隣の人たちと互いにこの愛として生き、仲よく暮らしてゆくことであってもよいのです。

無理矢理、スサノオ意識のような愛にジャンプする必要はないのです。そこにおいて苦しみがあってはならず、そのことをよろこんでうれしい思いで行うことが大切なのです。

人類レベルで知らぬ間にスサノオ意識を生きていた

ところで、実は個としては生きていなくとも人類としては生きていました。

人類は知らぬ間にスサノオ意識を生きていたのです。そしてそれは問題を山とつくった。この世紀末に向けて問題を山とつくり、そこにおいて全体に寄与した、尽くしていたのです。つまり無智を担い、そこにおいて問題の山をつくるといった寄与、全体に尽くしていたのです。

つまりいま世界は陽のみになっている、神のところで陽のみの世界は始まっておりますが、このようなめでたきことになったのも、人類総じてつくってくれた問題の山のお陰であって、そしてそれはスサノオ意識、自分のことより全体をおもうスサノオ意識であって、それを知らぬままに人類全体で生きたのです。悟りの最終、山場に向かってとことん生きたのです。

そしてそれはオリンピックで言えば金メダルを団体で得ることであって、そしてそれゆえの《まんだら》という金メダル、値のつけようもないメダルが誰ひとり分け隔てなく与えられているのです。

黙っていたのは美しさの追求をしていたから

ところで悟りのアンカーが根源の神として世に名乗りをされたのは１９９５年でした。神と共に降りられた主だった神々は、早くからその霊的御立場を明かされ、そのもと存在なさっておいでてしたが、根源の神の場合それはとても遅く、悟りと共の救世をなし、啓示によってその立場を知って以来５年の歳月が経過しました。

悟りと共の救世が完了したのは１９８９年12月22日であり、啓示によって、もともと根源の神の位より生まれていたことを知ったのはその翌年の1月27日でしたが、そのことを知ってもその立場を明かすことなく5年が過ぎました。つまり１９９５年になっていました。

そしてそれは美しさの追求をしていたからでした。つまりそれは立場、これを冒されることなく、平和づくりをしてゆく、人がうっかり神を冒さぬよう自ら気をつけつつ平和興しに勤《いそ》しんでいたからでした。

つまり、人間から神としての立場冒されぬよう、神としての立場にふさわしい扱いを受けられるよう自分の立ち居振る舞いに注意を払いつづけていたのです。

平和、その柱は△《霊的ヒエラルキー》であり、体制を政教一致にすることですが、それはつまりは、「神を立てること」であって、ゆえに立てられるべく、人がうっかり神を冒涜せぬよう、その立ち居振る舞いに気を配りつつ活動をしていたのです。

神と名乗らなくとも神に接するがごとく人が接して来る。恭々しく敬虔な態度で接してまいられるべく、そこにおいて美しきシーン生まれるべく、そのことに留意しつつ活動をしていたのでした。

そしてそれは、それでなくては平和の柱である△《霊的ヒエラルキー》が成立しない。美しきタテの秩序、そこにおける〇、これとなりえず、ゆえにシーンに拘りつつ平和づくりの活動をしていたのでした。

平和の柱の△は自然に成立することが望ましく、ゆえに自然に成立すべく努力していたのでした。

人がそのような接し方をしてくる中、平和の糧を次々出してゆく、世に広めることに勤《いそ》しんでいたのでした。

されどそれはうまくゆきませんでした。１９９０年から１９９５年の５年の間努めたけれどもうまくゆかず、ゆえに名乗ったのでした。神と名乗り、そこにおいて美しきシーンが生まれるべく、その旨書いたものを「あるぱるぱ」の壁に掲げたのでした。

内々には言い、敢えて外に言わないでいたのですが、広場のように誰でも自由に出入りできる「あるぱるぱ」の壁に神である旨書いて掲げたのでした。

名乗るところからの美しきシーン、それを生み出すトキとなり、そのトキに合わせて掲げたのでした。本当は名乗らぬままにいつの間にか神になりおおせることが〓《まんだら》ですが、されどもそれはうまくゆかなかった。

ゆえに今度は名乗る、名乗ることもまた〓《まんだら》であり、そのトキでもあるゆえに名乗ったのでした。

失われた10年の真相

ところで日本のバブルが崩壊したのは1990年頃で、その後10年たっても立ち直れず、10年の歳月を実りなく失ってしまいましたが、日本がバブル崩壊後10年の歳月を実りなく失ってしまったのは、実はこの神の浮上、神が神として世に浮上しなかったがゆえの損失であって、神としてはまことに申し訳なく思われておいでなのです。

そしてそれは結局のところ「**タテの基軸**」が失われ、「**社会全体が無秩序**」となり、かつ「**成長し、収拾つかぬ状態**」になっているからでした。

この21世紀は人が神ほどに実るときであって、そしてそれは悟りが深まり、洞察力や智恵に長けてきている、成長しており、そしてそれは神の出されている答とよく似ており、神の話に注目されないからでした。

よくよく聴けば違いがあり、神の出されている答でなくばパーフェクトに解けない、完全にうまくゆかないことがわかるのだけれども、丁寧に聴こうとしない。答を示した論文等も読もうとしないところから、その答こそが根本の答であることがわからず、その答を出した人に教えを乞うこともなかったからでした。

そしてそれは名もなき人、神はその使命を果たす必要上、学歴もなく肩書きもなく財もなきただの人、市井《しせい》の名なき人であって、ゆえに学歴や肩書きなどに価値を置き傾聴する傾向のまだある世には迎えられず、かつまた、神にも人が自然そう在れる振る舞いやもの言いが欠けていた、シャープでなかったことがその因ではありましたが、結局のところそれは誤《あやま》った平等意識、**「上も下もない誤った平等意識」**がはびこっているからでした。

未だ浮上ならず

そしてそれあって未だ神は浮上しておらず、そしてそれは10年の歳月どころか20年近い歳月を実りなく失い、バブル崩壊どき以上の悪しき状況になってしまっており、神としてはとても申し訳なく思われておいでであるのです。

それは上も下もない誤った平等意識がはびこっているゆえでありますが、されどそれは御自分の努力不足ゆえでもあって、とても申し訳なく思われておいでなのです。

第四章

初めに認識ありき

「初めに認識ありき」、それは、認識、これを基に人類は生きることになったのです。

これまでは「初めに言葉ありき」、これであって、人類は神の言葉を基に生きて来ましたが、また、それは九次元の神の言葉を基に生きて来ましたが、今後は認識を基に生きることになったのです。

つまり神に言葉を与えられて生きるのではなく、体験を通して認識した、その認識を基に生きることになったのです。

そしてそれは悟りが極められたからです。悟りが極められたゆえに認識からのスタートとなったのです。

つまり悟り、それは体験を通して認識する、このことでもあって、体験を通して認識した、その認識を基に生きることになったのです。

そしてそれは∴《まんだら》、これを基に生きることになったのです。∴《まんだら》は体験を通して認識した認識の極め、極めつけの認識であって、極めつけの認識であるこの∴《まんだら》を基に生きることになったのです。

∴《認識》からのスタート

つまり∴《認識》からのスタートとなったのです。

神を知ったところからのスタート

そして認識の主要なものは22ありますが、つまりは神を知る、神とは何か、神を知ったところからのスタートであるのです。

つまり神とは《まんだら》であり、ひと言でいうと愛、

「**全（他）が幸福であることを自己の幸福とし、そこにとことん身を掛ける**」

この愛であると知る、認識したところからのスタートであるのです。

バッチリうまくゆく

そしてそれはバッチリうまくゆきます。神を知る、それは全ての素を知ること、神は全ての素であって、素はどうなっているのかを知らなかったゆえのゴタゴタした人間であり、そこからのゴタゴタした世界であったのです。

つまり陰陽《ネガポジ》の人間であり、陰陽《ネガポジ》の世界であったのです。

されど人間の素である神を知ることによって、それはスッキリします。陰《ネガ》のない陽のみの人間、陽のみの世界になります。

陽のみの世界、それは恒久平和であり、純粋ユートピアであり、地上天国や仏国土であり、ま

た、全と個、そのどちらも幸福な世界のことであって、全と個のどちらも幸福になります。

全と個のどちらも幸福になる

なぜなら、神とは、愛とは、調和の術《すべ》や原理でもあるからです。

つまり、

「全（他）が幸福であることを自己の幸福とし、そこにとことん身を掛ける」

この神、愛、これは調和の術《すべ》であり、調和の原理でもあるからなのです。

全と個、どちらもうまくゆく調和の術《すべ》、原理であるからなのです。

つまり**全と個、そのどちらもうまくゆく**には**個《自分》が全に尽くす。自分のことはさておいて全体に尽くすこと**であって、そしてそれにはこの愛を生きること、

この愛、これは自分よりも他の人を含めた全てを愛する愛、見返りを求めることなく全体を愛する愛であって、この愛であるところ調和します。全と個、そのどちらもうまくゆきます。

この愛でさえあれば何もかもうまくゆく

つまり、この愛でさえあれば何もかもうまくゆくのです。この愛、これは信仰とはひとつであ

って、根源の神を信仰し、この愛であるところ何もかもうまくゆきます。

人間は肉もつゆえに健康はもとより、物質的にもうまくゆかねば幸福とは申せませんが、この愛であるところ健康はもとより、物質的にもうまくゆきます。

また、エネルギーを始め時代に見合った素晴らしい物を創み出せる上に、空洞地球の人達や宇宙連合との出会いも可となり、高度な科学技術や身体《からだ》に害のない繊維など人類に必要なさまざまな物を援助される上に、宇宙連合の一員となって、宇宙という国際社会に貢献もできるなど、何もかもうまくゆきます。

そしてそれには何よりも知ること、神とは何か、認識することであって、人間幸福であるには神を知ること、神とは何か認識することであって、認識こそがものを言います。

認識こそがものを言う

これまでは物やお金がものを言っておりましたが、物やお金などはいっときのこと、認識こそが永遠にものを言い、そしてその認識の極め、それは神の認識、神とは何か認識することですが、只今の認識の極めはこれまで幾度も申しましたが、「神が人の身に生まれている」、このことであって、只今はこの認識こそが最高にものを言い、この認識のもと人の身に生まれておいでの神のところに駆けつけ、全と個、そのどちらも幸福な世界、宇宙と同じ陽のみの世界を興してゆくことであるのです。

只今の認識の極めは、神が人の身に生まれている、ということ

宇宙根源神といえば男に生まれると思いがちですが、神は男にも女にも生まれ、この度は女の身に生まれ、女でありながら父の業《わざ》を行ったのです。認識を極める、といった父の業《わざ》を行ったのですが、それは愛を生き切ったゆえに極めることができたのです。

認識を極める、それは「神とは何か」、の認識でありますが、それは愛を生き切ったゆえにできたのです。

愛を生き切ったゆえの認識

つまり、

「全（他）が幸福であることを自己の幸福とし、そこにとことん身を掛ける」

この愛を生き切ったゆえに認識を極めることができたのです。

愛を生き切る、それは全てを愛した。神や宇宙、地球や自然や世界、国や社会、人類や目の前

の人等、全てを愛した、全てが幸福であるよう自分のことはさておいてとことん尽くした、尽くしっ切りに尽くしましたが、これが生き切る、愛を生き切ることであって、ゆえに認識を極めることができたのです。

言葉を生き切った

つまりそれは言葉を生き切った、それまで出されていた神の言葉を生き切った、九次元の神の言葉を生き切ったのです。

つまりこの愛、これは九次元の神も説かれておいでであったのです。九次元の神はこのような言葉で説かれてはおりませんが、言葉は違えど、この愛を生きることを説かれておいでであって、その神の言葉を生き切ったゆえに認識を極めることができたのです。

神を生き切った

つまりそれは、神を生き切ったのです。愛を生き切る、それはこの愛であるところの神を生き切った、このことであって、ゆえに認識を極めることができたのです。

「神とは何か」、認識することができたのです。

つまり悟りをすることができたのです。悟り、それは知るということであって、神とは何か、神を生き切るところから知った、悟ったのですが、それは認識をすることでもあったのです。体験を通して認識することでもあったのです。

思考が勝利、思考が作品

そしてそれは思考、この勝利でした。つまりこの愛、神の言葉を生き切れたのは思考、これをとことんしたからであるのです。

この愛、それは「救わん！」という思いと、とことんの行動があったがゆえに生き切れましたが、思考、これがなくては生き切れなく、思考をとことんしたゆえでした。

そしてそれが作品、神の作品でした。神とは芸術そのものであって、そしてこの度芸術として生きた。20年間に渡ってその愛を生きた。「芸術！」といえるほどの美しい、美しい生き方をなさいましたが、それは思考、これがものを言い、神の作品は思考であったのです。

ものを言うのは認識であり、悟りでありましたが、それは思考が実ったもの、思考が実って悟りとなるのであって、思考がものを言い、神の作品は思考、考える、ということであったのです。

思考、それは考えるということであって、神の作品は考える、思考であったのです。

ピタリ思考行、最高の思考行になる目的が人類にあった

ところで思考が作品といえるほどに思考が極めて肝心でしたが、されどそれは先ほども申しましたように、「思い」と「行動」、これがこれまた肝心であって、そしてその思いと考えと行動がその愛を生き切ったゆえにピタリひとつになったのです。

つまり、〈思・考・行〉の三つがその次元をピタリひとつにする必要があったのです。互いにズレがあってはなりませんでした。

人間＝思考行

つまりそれは、人間は〈思・考・行〉、この三つでひとつの存在であって、ここにズレがあるとうまくゆかない、

例えば、相手を喜ばそうと思い、行いをすれども、考えが浅いと相手の意に添わず、せっかくの思いや行いがムダになる、といったようにいずれかにズレがあるとうまくゆかないのです。

しかるに人間は、この三つをひとつにクルクル廻し、かつまた三つを同時に高める、最高のと

ころまで高めてゆく目的があったのです。

ところがそれはてんでバラバラであって、また高みも足踏み状態であり、特に思考が遅れがちでした。

されどそれをグル～と引っくるめて上った、最高のところまで登り詰めることが悟りの最終段階、１９８９年、12月22日までにでき、人類の目的を達成することができたのです。

つまり人類には最高の（思考行）になる目的がありました。

そして

○**最高の思いとは、**
「全（他）が幸福であることを自己の幸福とし、そこにとことん身を掛ける」

この思いであり
○**最高の思考とは、**
この愛、これが神であるとの思考（悟り、認識）
これであり
○**最高の行いとは、**
この**愛**をとことん**生**きた、やめないでどこまでも**行動**した

これであって、

そしてそれは《まんだら》であって、人類は《まんだら》になる目的があったのです。

最高の＝《まんだら》

つまり最高の、それは《まんだら》のことであって、人類は《まんだら》になる目的があったのです。

そして《まんだら》になるには、ピタリ最高のになる必要があったのです。

そしてそれは神のみにできる業《わざ》でしたが、神としても思考がいささか遅れがちでしたが、《まんだら》になってゆくにつれ、悟りの最終段階には最高の次元にまで到れていたのでした。

素に戻った悟り（認識）

そして、それはズレていた悟り（認識）、その修正でありました。根本のところで悟り（認識）がズレており、そのズレていた悟り（認識）のそれは戻し、修正でありました。

思考の最高、それはつまりは悟り（認識）であって、そしてそれはズレていた悟り（認識）の修正でありました。

思いが本質、肉ではない

つまり悟りのズレ、根本のズレ、それは人間の本質を肉と認ていたことでした。人間の本質は思いなどの目に見えないエネルギーですが、人間の本質を肉と認ていたのです。

悟りのズレ、根本のズレは、神がしかと悟られていなかった、ピタリとした言葉に起こされていなかったことですが、それもありますが、人間の本質を肉体、物質と認ていたことでもあるのです。

そしてその悟りのズレを修正し、また思いも悟ったのです。ではそれはどんな思いか悟り、そしてそれは、

「全（他）が幸福であることを自己の幸福とし、そこにとことん身を掛ける」

この愛であって、神はこの愛を芙蓉の心として悟ったのです。

この愛、これは桔梗の心でもありますが芙蓉の心として悟ったのです。

つまり自分が－することによる全（他）の＋、全（他）が＋であるよう自分が－する、負をよろこんでする心として悟ったのです。

そしてそれは同時に「性の悟り」でありました。自分が――、負をよろこんで担う芙蓉の心は性の悟りでもあり、また、それが課題、悟りの課題であったのです。

否、それは、神を悟ることが課題でした、神とは何かと、神を悟ることが課題でしたが、それはまた性の悟りをすることでもあったのです。

性の悟り

性の悟り（神の悟り）が悟りの課題

悟りの課題、それは神を悟ることでした。「神とは何か」と、神を悟ることでしたが、それはまた、性の悟りをすることでもあったのです。

人間は性エネルギーを洗練する目的があった

また人間はこの性の悟りをすると共に洗練、性エネルギーを洗練することを目的としておりました。地球開闢人類が地上に生まれしときより性エネルギーを生活を通して洗練すべく生まれていたのです。

つまり性、それはエネルギーでもあるのです。それは性《おもい》、根源的思いでありますが、エネルギーでもあって、そしてその思いは肉と心のどちらも満足したい、幸福でありたい、との思いであるのです。そしてエネルギーはその思いの強い方のエネルギーになります。

肉的に幸せでありたい思いが強ければその思いのエネルギーになり、精神的、心の幸せをつよく思うならそのエネルギーになります。つまり善くも悪しくも思いの強い方、念のつよい方に作用し、その念、思いのパワー、エネルギーになります。

ゆえに洗練しなければなりませんが、それには芙蓉の心でもあるところのこの愛を生きることをつよく思い（念い）、この愛を生きるのです。さすればエネルギーは性《おもい》のエネルギーになり洗練できます。

つまり洗練、それはそのエネルギーが性の思いのエネルギーになること、肉と心のどちらも満足したい、幸福でありたい、という性の思いのエネルギーになることであって、それには肉と心のどちらも幸福にする、満足することのできるこの愛を生きることであるのです。

この愛は肉と心のどちらも幸福にする、満足することのできる調和の術《すべ》や調和の原理であって、この愛を生きることでエネルギーは性《おもい》のエネルギーになります。

つまり、この愛を生きることで心のみか肉体的にも幸福になる、物質的にも満たされるのです。この愛を生きたなりに物質的にも肉体的にも満たされ、そしてそれは性の思いのエネルギーになる。この愛を生きることでエネルギーは性の思いのエネルギーになります。

そしてその洗練、性エネルギーの洗練は創造、自己の創造でもありました。
つまり人間は自己を創造する目的があったのです。

自己を創造する目的があった

自己を創造する、それは神ほどの本来の自己に変換することですが、それは素の自分を超えた新しい自分になること、このことでもあって、そしてそれは固体としてのエネルギーの誕生であるのです。

固体としてのエネルギーの誕生である

固体としてのエネルギーの誕生、それは肉もつ人間としての愛のエネルギーの誕生なのです。
つまり素の自分を超えた新しい自分の創造であるのです。

つまり素の自分、それはエネルギー、目に見えない愛のエネルギーなのです。あの世、心の世界にいるときには目に見えない愛のエネルギーであって、その愛のエネルギーに肉もってなる、肉もつ人間としての愛のエネルギーに創造する目的があったのです。

つまり、あの世、心の世界にいるときは

「全（他）が幸福であることを自己の幸福とし、そこにとことん身を掛ける」

この愛のエネルギー、目に見えない愛のエネルギーであって、この愛のエネルギーに肉もってなる、肉もつ人間としてこの愛になる目的があったのです。

肉もって神ほどになること

そしてそれは肉もって神ほどになることでした。肉もつ人間としての愛のエネルギーに創造する、それは肉もって神ほどになることであるのです。

そしてその創造、自己の創造は宇宙の創造ともなり、人間は宇宙の創造のためにも自己を創造していた。性エネルギーを洗練していたのです。

宇宙を創造する目的もあった

そしてそれは長い歴史の中それなりに洗練され、それなりに創造《自己創造》なり、宇宙の創造にそれなりに役立っておりましたが、21世紀を前にして止まったのです。

つまりそれは思考の停止、それによる創造《自己創造》の停止であり、洗練の頓挫でありました。

——すなわちそれは「性の悟り」を必要としたのです。

その創造、それは肉もって神ほどになることであり、またそれは素の自分を超えた新しい自分、肉もつ人間としての愛のエネルギーになることであって、

そしてそれには、

「全（他）が幸福であることを自己の幸福とし、そこにとことん身を掛ける」

この愛であるところの性の悟りを要したのです。

つまり肉もつ人間としての愛のエネルギーになるにはこの愛のエネルギーであるところの性の悟りを必要としたのです。

されどそれは誰もできず、ゆえにも神は降りられたのです。それは神でなくてはできなく、天より降りられたのです。

「性の悟り」、それは「神の悟り」であって、神でなければ悟れなかったのです。

気の天使のみに可能であった

またそれは、気の天使のみに可能であったのです。「性の悟り」それは「神の悟り」であって、神でなければ悟れなかったのですが、それはまた、気の天使のみに可能であったのです。

気の天使、それは天使のような濁りなき気、純粋無垢な透き通った気がそれを可能とし、その気に変換することが秘訣でしたが、「聖なる性儀」を通して変換したのでした。

その透き通った気、愛にスッキリと変換したのでした。その透き通った気、愛を芙蓉の心と名づけ、その心にスッキリとなったのでした。

温《ぬく》い思いゆえのエネルギー

ちなみにそれがエネルギーであるのは温《ぬく》い思いであるからです。つまりその愛、それはエネルギーでありますが、エネルギーであるのは温《ぬく》い思いであるゆえ、それはとても温《ぬく》い思いであって、ゆえのエネルギーであるのです。

《まんだら》**を呑み込むことは最高の思考行になること**

ところで、《まんだら》を呑み込むことは最高の思考行になることです。

つまり、

○「**全**（**他**）**が幸福である**ことを**自己**の**幸福**とし、そこにとことん**身を掛ける**」

この思いになることであり、

○また、**この愛**、これが**神**であるとの**思考**（**認識**、**悟り**）をすることであり、

○また、**この愛**をとことん**生き**た、**やめない**でどこまでも**行動**したことになるのです。

∴《まんだら》を一本に生きることは最高の(思考行)

そしてそれはひとまずですが、∴《まんだら》を一本に生きることによって、最高の(思考行)であれます。∴《まんだら》を一本に生きる。それは最高の(思考行)であるのです。

∴《まんだら》は生命《いのち》を浄化するエネルギー

また、それは生命《いのち》を浄化すること、∴《まんだら》を呑み込むことは生命《いのち》を浄化することでもあるのです。つまり∴《まんだら》、これは生命《いのち》を浄化するエネルギーでもあるのです。生命《いのち》、それは肉と心の調和であり、またそれは、(魂霊肉)、これが混然と溶けあったものであり、またそれは(思考行)、これでもありますが、そして生命《いのち》はダウンしている。下降しておりますが、∴《まんだら》を呑み込むことで生命《いのち》は浄化されます。

そしてそれはひとまずですが、∴《まんだら》を一本に生きるところあらためて浄化され、浄化された生命《いのち》は∴《まんだら》のエネルギーをより大きなものとし、互いに循環し、回転し、渦となり、上昇しつづけます。

悟りの旅は性的苦しみと共にあった

ところで、悟りの旅は性的苦しみと共にありました。このことは悟りのシリーズ②で詳しくお伝えしておりますが、悟りの始まった28才（１９７０年）のときより、悟りの終わる47才（１９８９年・12月22日）の20年間に渡る悟りの旅は性的苦しみ抱えての旅であったのです。

例えば、

１９８７年・45才のとき、理想の人間像を書き、そこに立ちましたが、それは実は神の要素であって、神の要素を書き、そこに立ったゆえに神の要素を我が主要素とする九次元の神のエネルギーが入り、九次元の神ほどの人間になったところから物事の本質が透き通ってみえるようになったのですが、それは死を望むほどの性的苦しみがあったゆえでした。

また、その前の１９７５年、33才のときに愛の悟りをしたのですが、その愛の悟りができたのも、一生添い遂げようと思っていた男性《ひと》に思いがけなく振られ、その苦しみを越えんがためでした。

また、悟りの最終、１９８９年、47才において、「聖なる性儀」という行いができたのは、聖なる性儀のベースとなる表紙の青い本（『性エネルギー活用秘法』ミゲル・ネリ著・学研）と出会ったからですが、それはその頃オーガズムに執着しており、それを解決せん！　と思っていたところその本と出会ったのですが、それというのもオーガズムへの執着があったゆえでした。

――と、まことに性との縁《えにし》は深く、性的苦しみを通して悟り、かつまたそれが性エネルギーの洗練となっていったのですが、それは性的な面のみでなく、絡みに絡んだ山ほどの問題に果敢に挑戦、取り組んだことが性エネルギーの洗練ともなり、また悟りともなっていったのでした。

なお、「性エネルギーの洗練」、それは「性エネルギー昇華」ともいい、性を筆頭に問題に果敢に挑戦したことが性エネルギーの洗練、昇華となったのです。

性を筆頭に問題に果敢に挑戦したことが性エネルギー昇華となった

性エネルギーを昇華すると、

○脳細胞の活性化
○強靭な体力と病気知らずの肉体
○超能力の開発

○異次元自由自在の乗り物、黄金の霊体の形成
○欠点を取り除き、性格を変える
○創造力の開発
○真の愛の開発

――といったことになり、そしてそれは七つのチャクラが開くことであり超人になることだ、とその本によって知りましたが、まさにそうなってゆきました。

その本が来るまでに次々と難問に出会いましたが、その問題から逃げないで取り組んでいったところ、脳はパワフルに働き、身はエネルギーに溢れ、疲れることなく、自分が新しく創まれた、次々創まれてゆく、超人になってゆくような感覚があり、そしてそこから性エネルギーを勉強した、猛勉強したのでした。

性エネルギーを猛勉強

性エネルギーというものが体の中に潜んでいるなどついぞ知らず、また、そのエネルギーを昇華することでエゴが消滅し、チャクラといったものが全開することも知らず、またそれは、クンダリニーという性の火が目覚め上昇するゆえであることも知らず、また性エネルギーのパワーはものすごく、これを放置しているがゆえに性的犯罪、暴力、ヒステリーなどが起きていることも

知りませんでしたが、この本によって初めて知り、かつまた「性」、それは生殖以外の目的を持ち、そしてそれは人間を超人へと到らせる、神に近づき高次に到らせる目的を持ち、これが人間の性の秘密であって、動物と決定的に違うところである、ということを知ったのでした。

人間の性には秘密があった
人間の性は生殖以外の目的を持つ

そしてその超人、神に近づき高次に到るには性エネルギーを昇華することであって、そしてそれは、日常の生活の中で自然に行うことができる、とその本に書かれており、そしてそれは、

○山や草原など緑の多いところにハイキングにゆく
○適度なスポーツをする
○絵画や彫刻の観賞や創造的な活動をする
○よいバイブレーションのクラッシック音楽を聴く
（性エネルギー昇華のためにはロックやジャズ、ポップスは望ましくない）
○素晴らしい景色を目の前にして深呼吸する
○隣人や困っている人を助ける。人道的行為に励むこと

○その他、純粋な内的感情、健康な考えに基づく正しい行動はすべて性エネルギー昇華を刺激する

――と、このように書かれており、また、

これらの方法は性エネルギー昇華とは知らないで誰もが直感的に行ってきたことだ。しかしあくまでも消極的な方法である。これでは人間を超人へと到らせることはできない。人間が超人へと変身するには意識的プラクティス（性エネルギー昇華法）による性エネルギー昇華が必要である、と書かれていたのです（ひとりで行うものと、カップルで行うものとある）。

そしてそれは自分の経験に照らしてとてもよく納得できると共に、ここに書かれている意識的なプラクティス（性エネルギー昇華法）を行えばしつこくこびりついているオーガズムへの欲、執着も断てる、また断てるよう廻って来たものと、ひとりで行うプラクティスを来る日も来る日も行いつつ、その本のみではわかり難い性の本質を考えていったのでした。

宇宙崩壊の知らせはよろこびも伴った

そしてそのような際、宇宙崩壊！　の知らせが入ったのでした。

人間の悪オーラによって地球の気が病み、そしてそれは、宇宙の崩壊となる。つまりドラマ性を軸とする宇宙、そのドラマが切れかかっており、「時間がない、気づきし者早くせよ！」との

知らせが入り、そしてそれはまさしく神よりの知らせと認識でき、そして宇宙を救わん！　そしてそれは地球の救いであり人類の救いでもある、とそのための方法を考えていったのでした。否、考えるまでもなくすぐわかったのでした。

そしてそれは、カップルによる意識的プラクティス、そして芙蓉の心の打ち上げ、これを人類を代表して行えばよく、またそれはかねてより念っていた世界平和、ユートピアが実現できることでもあるとわかり、心躍ったのでした。

先ず一人が神へ、そこから次々神成り化

それは一人で行う昇華法より早く神のクラスになれるからでした。つまりカップルによるプラクティスは早く神に近づき高次に到るからでした。——神に近づき高次に到る、それはつまりは神のクラスになる、この地にあって神のクラスになることであろう…

つまりそれは、人間でありながら神のクラスになることであろう、神は数多おいでになるけれども、数多おいでになる神ほどの人間になることであろうと思い、そしてその神ほどにカップルによる性エネルギー昇華法は早くなれ、そしてそれは間に合う、宇宙や地球、人類を救うのに間に合い、かつまたかねてより念っていた世界平和、ユートピアをそれによって実現できるからでした。

つまり世界の平和、ユートピアは、一人ひとりの人間の在り様、これが肝心であって、そして

それが神のようであるなら申し分なく、そしてそれが可能である。

一人で行う性エネルギー昇華法では時間が掛かるけれども、このカップルによる昇華法はすぐ神ほどになれ、そして人類の中のひとりの人、個が神ほどになれば、そこから次々なる、他の人も神ほどになってゆくと、カップルによる性エネルギー昇華法をなんとしてもしたい！　と念ったのでした。

またその性はかねてより憧れていた性、『憂国』に描かれていた男女の性と、その形は違うけれども質は同じであって、カップルによる昇華法をすることにとても心が踊ったのでした。

宇宙的足入れ婚によって突破

さりとて、それはダメであったのです。カップルによる昇華法は一生を誓いあった夫婦《カップル》でなくては資格がなく諦めざるを得なかったのです。何しろそのときお交きあいしていた人は妻のいる男性《ひと》であって、また、そのために他の人と結婚することもできず、無念でしたが、諦めざるを得なかったのです。

されどそれでは宇宙のドラマが切れる。ゆえに考えついたのが「宇宙的足入れ婚」であったのです。

宇宙的足入れ婚、それは東北地方で昔風習としてあった足入れ、これを転生輪廻と掛け合わせたのでした。つまり足入れとは結婚の前に男が女の家に入り、何日か共に暮す、といったものですが、この足入れに転生輪廻を掛け合わせたのでした。転生輪廻があることは自力的幽体離脱をしたことからわかっており、そしてそれは来世があることであって、来世において結婚する前の今世における足入れなのでした。

つまり今世においては結婚していないけれども、来世においては結婚する。そしてその前に今世において足入れする、といったものであったのです。

そしてそれはOKであることはわかっていました。何しろ宇宙は理に叶っていれば受け入れられる、OK、とわかっており、そしてそれは叶っている、転生輪廻は確かにあり、それは理に叶っており、そして「聖なる性儀」として無事行ったのですが、それは神や神々の見守りの中行われ「天覧の行事」とも言っておりますが、「宇宙的足入れ婚」や「宇宙的仮祝言」とも言っております。

性エネルギーの勉強は難しかった

さて、その猛勉強、性エネルギーの猛勉強ですが、それはとても難しく、大変苦労しましたが、さりとてそれはやはりわかりました。そしてそれは先に一寸お話ししましたが、性とは根源的思いであって、そしてそれは肉と心、そのどちらも満足したい、幸福でありたい、との思いであって、また、それはエネルギー、それはエネルギーでもあり、そしてそれは思いの強い方のエネルギーになります。

肉的に幸せでありたい思いが強ければ、その思いのエネルギーとなり、精神的、心の幸せを強く思うならそのエネルギーとなります。つまりその思いが善くも悪しくも思いの強い方のエネルギーになる。善悪どちらものエネルギー、パワーになります。

しかるに、この性エネルギーを洗練せねばなりませんが、それには芙蓉の心でもあるところのその愛を生きること、この愛として揺るぎなく存在することであって、さすれば性エネルギーは洗練できます。

つまり洗練、それはそのエネルギーが肉と心、そのどちらも満足したいという性の思いのエネルギーになることであって、そしてそれには肉と心、そのどちらも満たすこの愛を生きること、この愛を生きることをつよく思い（念い）、この愛を生きるのです。

さすれば洗練できます。エネルギーは肉と心、そのどちらも満足したい、という性の思いのエネルギーになり、性エネルギーは洗練できます。

つまりそれは性エネルギーを昇華することであるのです。この愛を生きること、それは性エネルギーを昇華することであって、性エネルギーを昇華するにはこの愛を生きればよいのです。

つまり、

「全（他）が幸福であることを自己の幸福とし、そこにとことん身を掛ける」

この愛であって、

そしてそれは生命《いのち》の本質と似たり寄ったりですが、生命《いのち》の本質は思いの入れこですが、人間の場合は肉を通して思いを入れこし、そこにおいて新しい生命《いのち》、赤ちゃん誕生という相乗効果をもたらします。

性の悟りが初めて悟りを意識した悟り

さて、性の悟りが神の悟りであって、そしてそれが悟りの課題でありましたが、この課題はなかなか果たせないでおりましたが、神であるところの悟りのアンカーによって悟られ、万々歳となった次第ですが、それはそれを悟れる立場であったゆえに悟れたのでした。性という根源のことは全ての素、根源である根源の神でなければ悟れなかったのです。

立場による分止りがある

神も神々も人間も同じ、《まんだら》として同じではあるけれども、そこには違い、立場による分止りがあって、性のことは根源の神のみが悟れるようになっていたのです。

そしてこの性の悟りが「悟り」ということを初めて意識した悟りであったのです。

それまでの悟りは「悟ろう！」と思って悟ったのではなく、いつの間にか悟っていた。問題にぶち当り、その問題を解決せん！　と果敢に挑戦していったところ悟っていったのですが、性の悟りは「悟りたい！」、と初めて思った悟りであったのです。

悟りをもうすでに生きていた

また、それはもうその頃には「そう存在」していたのです。悟りたいと思う悟りをすでに生きていたのです。そしてそれはその愛を生きていた。性の本質、それはその愛、桔梗の心でもある芙蓉の心であって、もうそれは生きていた。されどもそれが性の本質とは知らぬゆえに悟りたい！と思っており、そしてそれをそれと知らぬまま和歌にして打ち上げたのでした。

我らふたりの〈愛交《あい》い〉により
この宇宙《くに》のどこまでも
芙蓉の心　咲きさせたまえ
芙蓉の魂　咲かさせたまえ

――と打ち上げた、悟りを打ち上げたのです。

さて、その聖なる性儀ですが、それは先ず体を水で禊ぎ、神に祈りを捧げ、悟りを和歌にして打ち上げ、射精とオーガズムをしない性行為をマントラ《真言》と呼吸を替わしつつ行う、といったものですが、そのような神の御前《みまえ》での行い、性行為といった事はおいそれとできるものではありませんが、それがスンナリなんの抵抗もなくできたのは、その行いの重要性もありますが、そのようなことを意に介さないほどに開かれていた、性に対する考えがオープンであったからなのですが、それというのも戦後、日本にドッと上陸した性文化のお陰であったのです。

戦後入ってきた性文化のお陰

日本の戦後50年、それは人類のあくたがこの日本にイッキに押し寄せ、それが柔らかくレベルをかえて現われておりましたが、その中に性文化、これがあり、これが大きな糧となったのです。それはオーガズムへの執着心、これを持つことが聖なる性儀に到るまで必要でしたが、戦後入った文学、映画、雑誌…等によって、性的知識が増え、関心が強まり、またオーガズムに対しての羞恥心がそれらによって取れたばかりか、それを感じることが正常なこと、感じないのは開発不足、怠っているとの認識にもなり、積極的に開発、お陰でそのことが忘れられなくなれたのでした。命のごとくに思うまでになれたのでした。

そしてその自分の体験あって、オーガズムが肉体快感の極めともわかり、そしてそれは人類が肉体的に幸福であらんとしたエゴの象徴ともわかり、そしてそれを人類を代表して捨てることで、人類の禊ぎができると計算でき、そして神々の御前《みまえ》で捨てたのでした。

また、それは完全な性エネルギー昇華となりました。その行いによって完全に昇華に成功し、自分を創造すると共に宇宙も創造できたのです。

自分を創造、それは、固体としての愛のエネルギーの誕生であり、肉もつ人間としての愛のエネルギーになることですが、それはつまりは肉もって神ほどになることであり、そしてそれは肉もつ神の誕生であって、そしてそれが創造、そこにおいて宇宙を創造したのです。

宇宙を創造できた

宇宙、それは創造の営みそのものであって、そしてそれはさまざま、——さまざまな創造がありますが、肉もつ神の誕生、この創造を宇宙はもくろんでおりましたが、ここに初めて誕生したのです。宇宙始まって以来初めて肉もつ神が誕生したのですが、それは＝《イコール》宇宙の創造であったのです。

宇宙の創造、それは肉もつ神が誕生し、それによって宇宙の中心が移り、ドラマ性を軸とする宇宙のドラマがそこより新しく始まる、このことでありますが、宇宙のドラマ性の新しい始まりを創造できたのでした。

もともと神であった自分への回復

なお、肉もつ神の誕生、それはもともと神であった自分への回復でした。肉もつ神の誕生、それはもともと神であったものが肉もって神に回復したのです。

そしてその回復によって宇宙の中心が移り、そこから新しく始まった、ドラマ性を軸とする宇宙のドラマが新しく始まったのです。

ドラマが新しく始まった

つまり、只今ドラマは新しく始まっている、宇宙の中心は肉もって地にある神に移り、ドラマは新しく始まっておりますが、それは遷都、宇宙的遷都もなせたことです。

宇宙的遷都もなせた

宇宙的遷都、それは宇宙の中央（中心）が地に移る、肉もって地にある神に移ることであって、宇宙的遷都もなせたのです。

あるぱるぱが都・陽のみの花の都

そしてそれはあるぱるぱ、神のお座なすあるぱるぱが都なのです。あるぱるぱ、それは天地の中央でありますが、それは都、陽のみの花の都でもあって、ドラマはこのあるぱるぱ、陽のみの花の都を中心に廻っている、始まっております。

只今の性エネルギー昇華法

ところで神に近づき高次に到るにはそのための法、性エネルギー昇華法（意識的プラクティス）をこれまでは行わなくてはなりませんでしたが、只今は意識的プラクティスを行う必要はなくなりました。

ひとり、もしくはカップルで意識的プラクティスを行えば性エネルギーを昇華し、神に近づき高次に到りますが、只今は桔梗の心でもあるところの芙蓉の心、愛を生きることでよくなりました。

芙蓉の心、愛を生きることでよくなった

何しろ只今は自然を旨とし、とりたてて行わない、わざわざそのためのプラクティスを行わなくとも、それと同じ効果があるのが、芙蓉の心であるところの愛を生きることであるのです。宇宙にある基礎の心を生きることで自然、性エネルギーは昇華されます。

基礎の思い、心である

つまり、芙蓉の心、愛、それは宇宙にある基礎の思い、心であるのです。宇宙は物と心の世界

ですが、主なるは心、思いであって、この基礎の心、思いを生きることでよくなったのです。

つまりそれは一、全体や他が十であるよう自分を一する、よろこんで一することでよくなったのです。

《まんだら》を呑み込むことで効果バッグン

なお、それは《まんだら》を呑み込むことで効果バッグンとなります。《まんだら》を呑み込む、それはひとまず性エネルギーを昇華したことであり、そしてそれによって神や神々と結ばれ、その御援助のもとこの基礎の心を上手に生きれるからであるのです。つまり性エネルギーを上手に昇華できるからであるのです。

最高のものがある

また、最高の昇華法があって、そしてそれはシトとしてあるぱるぱの企画を担うことなのです。あるぱるぱの企画、それはあるぱるぱから開いている陽のみ世界、それがより開く、全体的なものになるよう、神はそのための企画を数々出されており、その企画をシトという立場になってやってゆく、こなしてゆくことなのです。

つまりそれは神の念いを生きること、神の念いを我が念いとして、それが具現するべくとこと

ん尽くす。何はさておいてもその企画が具現するべくしてゆくことであるのです。

神の念い、それはあるぱるぱから開いている陽のみ世界、それがより開く、全体的なものになることであって、そのための数々の企画を出しておりますが、シトとはその企画を担う人、その企画を担い、そこにおいて神の念いを叶えん！　とする人であって、それがさらに最高、最高の性エネルギー昇華法なのです。

中枢の神のクラスになる

そしてそれは中枢の神のクラスになります。中枢の神、それは神の念いを叶えん！　と、神に代って人類を導いて参られた神々、神の手足となっておいでの神々であって九次元の神を中心に構成されておりますが、この中枢の神のクラスにシトになることによってなり、そしてそれはニュートラルな創造への参加となります。

ニュートラルな創造への参加

ニュートラルな創造への参加、それはシトになることによる自己創造、自分を中枢の神のクラスの人に創造し、そこにおいて、宇宙の創造に参加する、このことであるのです。いま宇宙は中枢の神のクラスの人の誕生、これをもくろんでおり、自分を中枢の神のクラスの人に創造することは宇宙の創造に参加することであるのです。

中枢の神のクラス、それは次元でいえば九次元と八次元であって、仏教的に言えば大如来や如来のことであって、このような神近き高次元の存在にシトになることによってなり、そしてそれは宇宙の創造に参加することになります。

宇宙に大きく貢献すること

そしてそれは宇宙に大きく貢献することです。宇宙は神に代って導く存在、神の手足となって働く存在、神近き高次元の存在があればこそその営みはうまくゆきます。

つまり宇宙の創造に大きく貢献するにはシトになられればよいのです。宇宙は神に代って導く存在、神の手足となって働く存在、神近き高次元の存在があればこそその営みがうまくゆきます。

ひとまずである

なお、それはひとまずです。シトという立場になるだけで中枢の神のクラスになりますが、それはひとまずであります、されどそこから実る、神や神々の御支援のもと実ってゆきます。その立場にふさわしく実ってゆきます。

つまり、その立場ゆえに、立場にふさわしく実るようあの世の中枢の神も手厚く援助し、また、人の身に生まれておいでの神も手厚く援助します。中枢の神のクラスの人にふさわしく実るよう、その思いや言葉、ふる舞いなども細やかに援助され、そしてそれはスクスク実る、真に中枢の神ほどに実ってゆきます。

中枢の神、それは企画を担う能力のみか、思いや言葉やふる舞い等がよくなければなりません。仕事をこなす能力があるだけではダメなのです。胸に瞬時、瞬時に湧く思いさえよいものであらし、また言葉やふる舞い、これもよいものでなくてはなりません。

それらは（思い、言葉、ふる舞い）、中枢の神のみでなく、《まんだら》を一本に生きる中に入っておりますが、中枢の神は特にそうあらねばなりません。

特に神に対して、人の身に生まれておいでの神に対してそうでなくてはなりません。

そしてそれはなかなか難しい、されど優しく細かく丁寧に援助され、そしてそれは実ります。中枢の神ほどに美め麗わしく、しかも能力に長けた存在になってゆきます。

なお、それは「アクティブあるぱ」、このようにも申します。中枢の神、シト、それは「アクティブあるぱ」とも申しております。

認識あっての陽のみドラマ（世界）

ところで、陽のみのドラマ（世界）であれるには認識、これがものをいい、認識あっての陽のみドラマ（世界）となります。しかるに認識することが極めて肝心ですが、その極みは神が人の身に生まれているという認識、これであり、また、神の認識、神とは何か、この認識であり、、また22、認識の主要なものは22ありますが、他にもいろいろあり、それはこれまでも何かとお伝えしましたが、ここで新しい性生活など、四つの認識をお伝えしておきましょう。

新しい性生活

つまり、性生活、それは只今新しいものになっております。そしてそれは、男は射精をしない、女はオーガズムを感じない、このようになっており、そしてそれはさまざまなプラスを生み、人口爆発といった問題も大きく解決できます。

人口爆発も大きく解決できる

人口爆発は貧困や教育などさまざまなことが絡まって起きており、それらを解決せねばなりませんが、この新しい性生活をすることによって、人口はマイルドに減ってゆきます。性という人間にとっての自然の行為を手引かえることもなく、またピル等の人口的なものを用いることもなく、自然な人口の減少となり、爆発を大きく回避できます。

肉体的にも精神的にも大プラス

また、性エネルギーの昇華がそれによってもでき、心身ともに活性します。

男性の精子は数億の人間を生み出せるほどのエネルギーであって、それを外に排出することなく内に取り込むことで風邪さえ引かない丈夫な体となり、また宇宙的智、叡智を得られます。

つまり259～260頁で述べているような大変なパワーを得ます。

男は射精をしない、女はオーガズムを感じない性は味けない、肉体的に満たされないように思えますが、それは体験していないゆえであって、肉体的にも満たされるとても味わいのあるものです。

人類が途絶えることはない

また、この性生活の場合、人類の系が断たれるように思えますが、それはなく、ほどよい数の人間が失敗する《うっかり射精をする》ところから、また、神の配剤によっても生まれます。

また、オーガズムや射精を捨てることは技術的に難しいと言われる方もありますが、それは歯を食いしばってもやる。それは神が薦めておいでのものであり、人口爆発が大きく解決することでもあり、相手にとっても自分にとっても心身ともにプラスなものであって、真面目に取り組まれるとかならず成功します。

なぜならそれは習慣、射精やオーガズムは人類史上えんえんと繰り返してきたゆえの肉体の習慣であって、根気よく取り組んでゆけばかならずいつの間にかそれが自然の性、当たり前のものとして身につきます。

射精やオーガズムもＯＫである

なお、射精やオーガズムもＯＫであるのです。これまで通りの性生活でもＯＫなのです。されどそれは純粋な愛にもとずくものであることが肝心であって、愛もなくただそれを求める性であってはなりません。

否、それは自由、人間は何をしても自由ですが、されどそれはしない方がよく相手への純粋な愛にもとずく性であることが肝心です。

またそれは翻弄されないこと、只今性に翻弄されている人が多いですが、性に翻弄されないようにすることであって、神はそれに歯止めを掛けるためにも新しい性生活を薦めておいでなのです。

男と女の在り様

男女の真の対等、平等

次に男と女の在り様をお伝えしましょう。そしてそれは男と女の真の対等と平等、このことからお伝えしましょう。男と女の真の対等、平等、これを知らぬところから男と女は不調和となっており、また他にも不調和、何かとまずいことになっており、このことからお伝えしましょう。

男女は対等、平等、されど大きな違いがある

さて、男と女は対等、平等です。されどそこには大きな違いがあり、そしてそれは男性と女性、この性の持つたち、この違いがあります。

つまりたちとは性《たち》、性格、これであって、男には男ならではの性《たち》、性格があり、女には女ならではの性《たち》、性格があります。つまり男と女は同じ人間でありながら肉体的な違いがあるように性《たち》、性格においても違いがあるのです。

つまり、もとは同じ、男にしろ女にしろその性格は同じであって、そしてそれは愛、その性格は一言でいうと愛であって、そしてそれは

「全（他）が幸福であることを自己の幸福とし、そこにとことん身を掛ける」

この愛であって、そしてこれは男女を問わず人間の根源の性格でありますが、男はこの根源の性格をベースとしながらそこより出る性《たち》であり、女は引く性《たち》であるのです。

男は出る性《たち》、女は引く性《たち》

この出ると引く、これはふたつでひとつであって、男女ともに持っておりますが、男女はさら

にそれを分けあって持っており、例えば、男は社会がよくあるべく社会に出、女は家庭がよくあるべく家庭に引く、このように持っております。

そしてそれは調和、それによって社会と家庭、このどちらもうまくゆく、プラスプラスであって、この性《たち》の違いを男女が認め、男は社会へ、女は家庭に引くことで社会と家庭、このどちらもうまくゆきます。

この性《たち》は男女の肉体の諸条件もあいまって自然そうなっておりますが、これは男女がもともと持っている性《たち》であって、これあるゆえに社会や家庭のみか男と女の関係もうまくゆきます。

例えば、議論をしていて、意見がくい違い衝突しかかった場合、まず女が引く、そして後でおもむろに述べる、男の意見を聞いたあと自分の意見を述べるといったことでもあって、そしてそれはうまくゆく、男と女の関係はうまくゆきます。

つまり男の出る性《たち》、それはリーダーシップ、長《おさ》意識ですが、その男の性《たち》知って女が立てる、男を立てるところその気治まり男女の関係はうまくゆきます。

男と女はあの雛《ひな》壇に平行に並んでいる男雛《びな》、女雛《びな》のように、人間として対等、平等でありますが、その男の性《たち》を知り、女が立てる。同じ器量を持つ者であるけれども男の長《おさ》意識、これを知り、そして立てるという器量よし、自ら引くことに甘んじるのが女であり、そしてそのような女を男が慈しむ、敬し愛するところうまくゆく、男と女はうまくゆきます。

女が外に出るのは自由

なお、女が外に出るのは自由です。男のように外で働くのは自由であるのです。つまり、このように男女にはその肉体のみならず、性格にも違いがあり、その本来の性格を生きることが神理、自然のことですが、でもそれぞれにその考え、事情というものがあり、また、女ならではの仕事もあり、女が外に出るのは自由なのです。

されど基本は入る

されど基本は入る、家の中に入って子を産み育て、外で働く夫が安らぐ家庭をつくってゆくことであるのです。

いま女が外に出るのは当り前、常識のようになり、「男女がその性別で差別されることなく同等の立場として扱われる男女共同参画社会法」もつくられ、ますます女は外に出て働くことが常識のようになりましたが、基本は入る、女は家庭に入ることであるのです。

なぜ外に出ることになったのか

それにしても、なぜ女が外に出ることが常識になったのか、ですが、それは認識、この欠如、つまり、女ならではの性《たち》、これを知らなかったことが原因なのですが、それだけではなく価値観、これが原因でもあるのです。

つまり近代の大きな価値観に労働があり、つまり働くことで賃金を得ることが価値であるとする価値観があり、その価値観のもと、女もめったやたらに外に出るようになったゆえであるのです。

つまり、働かぬ者は劣るとでも言わんばかりの社会の風潮となり、その波の中、外へ出ることで一人前といった錯覚をしたがゆえであるのです。

その性《たち》生きることこそが真の対等、平等

されどいまその錯覚に気づき、女は家庭に入り、男は外で働き、互いにその性《たち》を生きることであるのです。

そしてそこにおいてこそ男と女は真に対等かつ平等であれます。

つまり男と女の真の対等、平等は、そのような性《たち》、男ならではの性《たち》、女ならではの性《たち》、このことを知り、それを生きることであるのです。この性《たち》、これは男女の対等、平等、その初めであって、この初めの対等、平等を生きなければ他にいかに対等、平等であっても真に対等、平等ではありません。

そしてそれは男と女、この本来の在り様でもあって、男と女はこのこと知って調和する、仲良くすることであるのです。

少子化問題も解決する

ちなみに女がこれで在るところ少子化問題も解決します。つまり女ならではの性《たち》、これを生きるところ解決します。

少子化問題、それは男ならではの性《たち》、女ならではの性《たち》、また、真の対等、平等、これを知らぬがゆえに起きており、この問題を解決する秘訣はこのことを知る、認識することであるのです。

政府がなすべきは…

しかるに政府がなすべきは、このことを知らしめる、認識を普及することであるのです。

いま政府は少子化を解決すべく苦心惨憺《たん》しておりますが、まずはこの認識を普及することであるのです。

何しろそれは知らぬがゆえ、女が真の対等、平等、また女ならではの性《たち》、これを知らぬがゆえの外への出であり、選択。結婚や子産みよりも仕事を選んでいるのであって、政府のなすべきことはまずこのことを知らすこと、まずこの認識を普及することであるのです。

教育の原点

次に教育の原点をお伝えしておきましょう。いま教育はいかにあればよいか模索されておりますが、ここで教育の原点もお伝えしておきましょう。

で、教育とは「人としての在り様」、これを教え、育て、それに掛けての知識の習得や体育、健康な体づくりであるのです。

つまり

人としての在り様
- 知識の習得
- 体づくり

これであって、また、「人の在り様」には「骨格となる在り様」があって、この人の在り様を教え、育てるのが教育の最も基本であり、原点なのです。

骨格となる在り様がある

そしてそれは「宗教心」、これであってこの骨格を抜きにしては教育はなりたちません。

またそれはこれまでの宗教を超えたもの、新たな素のものであって、そしてそれは、

○ 《まんだら》を信仰し

○⛬《まんだら》を一本に生きる

これであって、そしてそれは

○根源の神を信仰し（祈り）
○その心を生き、
○神と結ながる（御援助を仰ぐ）

これであって、これが人の在り様であり、骨格であるのです。

抑止力である

そしてこの骨格があるかどうかで大きく違います。善と悪、幸、不幸など大きく違ってきます。例えばいま子供は荒廃しています、いじめや非行、暴力など子供は荒廃していますが、この骨格あるところ荒れることはありません。この骨格、宗教心が抑止力となります。

つまり宗教の力、それは抑止力でもあり、この抑止力を失ったことが子供の荒廃の最たる原因であって、子供を善くするにはこのような骨のある人間に育てることであるのです。

学力も伸びる

また、学力も伸びます。いま学力が低下しておりますが、この骨あるところ学力は伸びることはあっても低下することはありません。

つまり学力の低下、それは神の心を生きる習慣がなかった、身についていなかったからであるのです。

神の心、それは

「全（他）が幸福であることを自己の幸福とし、そこにとことん身を掛ける」

これであって、そしてこれは全体や他の人に尽くすことでありますが、それはつまりは社会に尽くすこと、自分を社会に役立てることですが、この習慣がない、幼い頃より身についていなかったことが学力低下の根本原因であって、学力を伸ばすにはこの心を生きさせ、幸せを体験させることであるのです。

つまりこの心を生きることは幸せ、何にも代え難い幸せなおもいになれますが、それを体験させるのです。幼き頃より、この幸せを体験させるのです。

さすれば学校にも喜んでゆき積極的に学びます。誰れに言われなくとも自から学びます。

なぜならそれはさらに社会に役立つ上に幸せだから、よく学べばそれによってさらに社会の役に立ち、そしてそれは幸せ。そこにおいて自分がさらに幸せな思いになれることを身を持って知っているからであるのです。

学ぶ意欲が湧く

そしてそれは学力が上がる、自から勉強するところ、学ぶ意欲があるところ学力は上がることはあっても下がることはありません。

つまり学力の低下、それは学ぶ意欲に欠ける、勉強する気にならないからであって、されど経験を積んでいる、幼き頃より神の心を生き何にも代え難い幸せを身ごと知っているところから喜んで学びます。自ら積極的に学びます。

∴《まんだら》が世界の共通語

次に世界の共通語は∴《まんだら》であることをお伝えしておきましょう。

つまり、いま世界の共通語は英語になっておりますが、本来は世界の共通語は人と人がなごやかに交流できる∴《まんだら》であるのです。

そしてそれは愛、∴《まんだら》はひと言でいうと

「**他が幸福であることを自己の幸福とし、そこにとことん身を掛ける**」

この愛であって、この愛を人が互いに生きればなごやかに交流でき、言葉を共通にする目的に

叶います。

つまりいま、言葉を共通にしているのは、それによって交流がしやすい、ビジネスなどもやりやすいからでありますが、真相はなごやかな交流、なごやかな交流がなされるためであるのです。

つまりアワとして生きて、滑めらかになごやかに交流するときになったからであるのです。

アワとして交流するとき

アワ、それはあの泡のような柔らかな優しい心であって、そしてそれは
「他が幸福であることを自己の幸福とし、そこにとことん身を掛ける」

この心であって、これまでの旅は人と人との交流を通して、このアワを見つける旅、つまり悟る旅でありましたが、只今はその悟り、体験を通した認識のもと、このアワとして交流するとき、旅をするときになったのです。

このアワ、言葉を生きて滑めらかに、なごやかに交《つ》きあう、旅をすることになったのです。

この言葉、これは人と人が調和する調和の術《すべ》であり原理であって、この言葉を人が互いに生きればなごやかで、滑めらかな交流、和気あいあいとした交《つ》きあいとなりますが、言葉がいま共通になっているのは、このアワのような心、言葉のもと、なごやかに交《つ》きあう、旅をするときであるからなのです。

言霊《ことだま》の幸はふ国から出ることになっていた

そしてこの調和の術《すべ》、調和の原理は言霊の幸はふ国から出ることになっていたのです。言霊とは言葉には命がある、エネルギーがあることであって、悪しき言葉は悪しき現実を創み、善き言葉は善き現実を創みます。

つまり、言葉には創化力があることであって、そして日本は光あるよき言葉の幸はふ国であって、ピカ一のよき言葉であるこの調和の術《すべ》、原理は日本から出ることになっていたのです。

愛のフレーズを広める

しかるに、この愛のフレーズをこのまんま広めることであるのです。この日本語のまんま広める、世界に広めるのです。いま、さまざまな日本語がそのまんま広まっておりますが、そのようにこの日本語のまんま広めるのです。

さすればこの言葉のまんまに人は存在し、なごやかな和気あいあいの交流、お交《つ》きあいができます。

英語の前に日本語の学び

ところで、いま小学校のときから英語を学んでおりますが、英語の前に日本語の学びが肝心です。英語は語彙《い》も少なく、彩もなく、潤いに欠ける言葉であるので歯止めを掛けねばなりません。何しろ言葉、それは創化力があり、その言葉なりの人間となり、その人間なりの社会となります。ぶっきら棒な言葉はぶっきら棒な人を創り、ぶっきら棒な社会を創ります。また優美《たおやか》な言葉は優美《たおやか》な人を創り、優美《たおやか》な社会を創ります。日本語はとても優美《たおやか》な言葉です。潤いもあり、彩もあり、語彙も多く、英語を学ぶ前に日本語を学ばなくてはなりません。

されど日本語も古きよき言葉は、クズれ去り、それとは逆さの破壊的悪しき言葉が溢れており、言葉の修理をせねばなりません。

言葉は思いがあって言葉となるゆえ、思い、ここから新ためなくてはなりませんが、さりとて言葉、ここが肝心であって、言葉ひとつで争いにもなれば和ともなり、いまこの言葉の修理が急がれます。

○よい言葉を残し
○悪しき言葉を捨て
○新しく創る、陽のみの新しい言葉を創る

この作業を急ぎ、子供達に至急教えてゆかねばなりません。

政《まつりごと》にたずさわる者から言葉の蛮行をやめる

またそれは、親や教師、大人が身をもって教える。自分がよき言葉を使いつつ教えなくてはなりませんが、政《まつりごと》にたずさわる人は言葉の蛮行をやめなくてはなりません。

いま政界においては相手の心が血を流す言葉、また相手の立場を弁まえない不躾な言葉、また、国民を代表し国政を預かる者にふさわしからぬ言葉が横行しておりますが、上に立つ者のふる舞いは影響が大きく、政《まつりごと》にたずさわる者から言葉を改めなくてはなりません。

フランスと岡山の地形が同じであるのは言葉の御縁

ところで自国の言葉をとても大切にされているフランスと、岡山の地形がそっくりなのですが、それは世界の共通語となる⛬《まんだら》が岡山にあり、⛬《まんだら》が唯一の世界の言葉、肝心要の世界の共通語であることを証しているのです。

つまりフランスの人は断固自国の言葉以外の言葉を用いませんが、それは唯一の言葉があることをそれでもって証しており、そしてその唯一の言葉、⛬《まんだら》は岡山にあるゆえの、それゆえの相似、相い似た地形なのです。

神の愛は悟り、認識であった

ところで話を「思考」に戻しますが、それはつまりは悟りであり、認識であって、神の愛は悟りであり、認識であったのです。

つまり、神とは愛であって、そしてこの度愛を生き切り、神とは愛であることを身ごと証明なさいましたが、神の愛、それは悟りであり、認識であったのです。

神の愛は人間に生まれたことであると三章で申しましたが、人間に生まれたのは悟りをすることが目的、これが主目的であって、神の愛は悟りであり、認識であったのです。

――体験通して認識することであったのです。

神の主要素であり、人間の柱である

そしてそれは神の主要素であり、また人間の柱、認識が人間の柱であって、この柱あって人はこの愛として揺るぎなく在れ、認識という柱を立てることが愛、神の愛であったのです。

背骨《せぼね》は認識に当る

そしてそれは身体《からだ》でいえば背骨に当ります。背骨は人体の柱であって、この柱あってシャンとなりますが、背骨は認識に当たるのです。

認識を象徴しているのは男
それゆえの男の優位論
差別であった

そしてそれゆえの男の優位論、男の方が女より高等と見なされたのでした。
つまり男の優位論、それは西洋から生まれましたが、そしてそれは聖書に神がアダムの骨からイブをつくったと書かれているゆえでありますが、それは認識が柱、人間の柱は認識であって、認識が人間の柱であることをその言葉で知らせていたわけで、何も男が女より高等ではなく、人間として対等であり、男が思考の実りであるところの悟り、つまり認識を象徴し、女は感性を象徴していたのです。認識がなくとも考えなくともわかる、感じとる感性を象徴していたのです。

男と女、西洋とアジアは補完しあうエネルギー

つまりそれは補完、補い合っていたのです。それはひとりの人間の中にどちらも持ち合わせておりますが、男は認識に長け、女は感性に長け、そこにおいて補い合っていたのです。
そしてそれを西洋とアジアに置き換えてみると、西洋は認識、アジアは感性を象徴しており、つまり西洋は男性性、アジアは女性性であって、そしてそこにおいて補い合っていたのです。

つまり西洋や男は理屈を大事とし、理屈が整わなくては納得しなく、片や、アジアや女は理屈よりも感性に長け、理屈は分からなくとも感じとることができますが、それはそこにおいて補い合っていたのです。

それは宇宙の陰陽《いんよう》の現われ

そしてそれは宇宙の陰陽《いんよう》の現われであるのです。宇宙には陰陽《いんよう》という相反するけれども補完しあうエネルギーがあり、陰《いん》が女であり、アジアであり、陽が男であり、西洋であって、そして補完、補い合っていたのです。

つまり互いにそれでもって渡りあい、そこにおいて互いに実っていっていたのです。理屈や論理性に丈けた西洋（男）と理屈や論理性とは相い反する感性に長けたアジア（女）が渡り合い、そこにおいて互いに実っていっていたのです。

ひとりの女の中で融けあった

そしてその宇宙の陰陽《いんよう》のエネルギーが宇宙は陽のみであることを悟ったときに融けあった、ひとりの女の中で融けあったのです。悟りのシリーズ②（極めつけの悟りの歴史）における「陽のみの世界の悟り」の中で神が詳しくお話しになっておりますが、宇宙は陽のみであったのです。

そしてそれはこの世界、この三次元、肉体界においても陽のみでありました。陰《ネガ》に観えしものも陰《ネガ》でない、ようく観るとそれは陽、＋であって、そのような大調和、プラスプラスに調和している世界を認てとったとき、思わず、〈ほお〜！法〜！〉と微笑《わら》ったのですが、それによって融けあった…

その刹那《せつな》、融けあったのです。男と女、西洋とアジア、宇宙の陰陽《いんよう》、エネルギーがひとりの女の体《からだ》の中でひとつに混じり合ったのです。

そして、それはそうなることになっていた。世紀末にそれがひとつに融ける、この日本で融けることになっていたのです。日本の中のひとりの女によって、融けることになっていたのです。

つまり西洋の認識、アジアの感性、それがひとりの人間、女の中でひとつになったのです。

つまりそれは、男性性と女性性の一体化であり、そしてそれは両性具有《アンドロギヌス》、人間でありながら神の次元に到れ、神とも融合、神ともひとつに融けあったのでした。

遺伝子のＯＮ・ＯＦＦの訴証でもあった

また、それは遺伝子のＯＮ・ＯＦＦの訴証でもありました。人間の遺伝子には良き遺伝子と悪しき遺伝子があります。そして悪しき遺伝子をＯＦＦ（眠らせ）にし、良き遺伝子をＯＮ（起こす）にする、コントロールすることを課せられておりましたが、それができたのです。

悟りのアンカーであった神が〈法〜！《ほお〜！》〉と笑った刹那、それはできたのです。

そして遺伝子に応えることができた、人間自ら遺伝子をコントロールし、遺伝子に応えることができたのです。

遺伝子のコントロールは神の愛によりますが、人間自らコントロールすることを課せられておりましたが、それが果たせたのです。

遺伝子のコントロールは悟りが要

そしてそれは悟りがものを言いました。〈法〜！《ほお〜！》〉と思わず微笑《わら》ったそれは、同時に悟りとなっており、そして果たせたのです。

∴《まんだら》によって検証

そしてそれを検証するのが∴《まんだら》なのです。∴《まんだら》は悟りの極めであり、∴《まんだら》を呑み込めば良き遺伝子は全て起き、悪しき遺伝子は全て眠りますので、悟りが要であることがわかります。

それは∴《まんだら》を呑み込んだ人の遺伝子を調べてみればわかります。科学的に証明することができます。

∴《まんだら》を呑み込むとは、つまりは∴《まんだら》を一本に生きることであって、∴《まんだら》を上手に生きている人の遺伝子を調べてみればそれはわかります。

第五章

宇宙はドラマ性が軸

ところで、宇宙はドラマ性が軸であることを知って、さぞ驚かれたと思いますが、宇宙はドラマ性が軸であるのです。

それを証しているのがオーロラ

そしてそれを証しているのがオーロラであって、地球の極において芝居の幕のような幽玄な光のドレープを描くオーロラは宇宙はドラマ性が軸であることを証しているのです。

宇宙のドラマは陽のみ

そしてそのドラマ、宇宙のドラマは陽のみです。誰もいずこもケガなき、まあるいドラマです。ケガとは損、いわばこれであって、誰もいずこも損のないまあるいドラマです。

ー しても＋となる法則があるから

そしてそれはー しても＋となる法則があるからです。

つまり全体や他の人が＋となるようー しても ー したその人自身、そのもの自身が＋となるという法則があり、その法則のもと、誰もいずこも＋、ー しても＋となっているからです。

法則、それは一定の条件のもとでは常になり立つものであって、この法則のことを三章においては**「尽くすと、尽くした人自身が尽くされる法則」**、このように申しましたが、**「尽くせば実る法則」**、このようにもいい、このような法則があるゆえにドラマは陽のみ、誰もいずこも損のない、まあるいドラマとなっているのです。

例えば

いま人類の誰れにも∴《まんだら》という金メダル、肉もって神ほどに創造できる、つまり神ほどの本来の自分に変換できる∴《まんだら》が与えられておりますが、それは人類レベルで無智という一を担ったゆえのハッピー、＋であるのです。

宇宙はとてもメカニック

つまり宇宙はとてもメカニック、機械的に整合された世界であるのです。ゴタゴタしながらも整合された世界であって、そしてそれは陽のみに整合された世界、一を持って整合された世界であるのです。

しかるに、過去においてもドラマは陽のみでありました。陰陽《ネガポジ》ではなかったのです。

ドラマは陽のみであった
陰陽《ネガポジ》ではなかった

つまり、わたくしはこれまで世界は陰陽《ネガポジ》であったと申しましたが、実は陽のみであったのです。陰《ネガ》はあったけれどもそれは十が生まれる糧であって、そしてそれは陽、陰《ネガ》ではあるけれども陽であって、ドラマは陰陽《ネガポジ》ではなく、陽のみであったのです。

されど陰陽《ネガポジ》であった

されど陰陽《ネガポジ》でありました。本質は陽のみ、プラスプラスに調和しておりましたが、されど陰《ネガ》はあり、ドラマは陰陽《ネガポジ》であったのです。陰《ネガ》と陽《ポジ》がゴタゴタと入り組み絡んだドラマであったのです。

ツルツルのドラマ
陽のみのドラマとなった

されどそれは終わった、ゴタゴタの陰陽《ネガポジ》ドラマは世紀末（20世紀）に終わり、只今はツルツル、ツルツルの陽のみドラマとなったのです。

あるぱるぱより始まっている

そしてそれは、あるぱるぱより始まっております。神のお座なす天地の中央、陽のみの花の都より始まっております。

悪が勝ってもよかった

なお、これまでの旅、それは悪が勝ってもよかったのです。つまり過去のドラマ、人類史は悪が勝っても善が勝ってもよしでありました。そして悪が勝つかに見えました。世紀末、人智ではとき切れぬ問題の山、宇宙まで危機に陥るほどの大陰《ネガ》、極悪状況となり、悪が勝つかに見えましたが、どっこい善が勝ちました。

逆さ返しのツルの舞いがあった

そしてそれは逆さ返しのツルの舞いがあったからでした。行き詰まり、どうにもならなくなった世紀末、天からツルが舞い降りて逆さ返しのツルの舞い、あっという間に見事に陽に、陽のみにひっくり返したからでした。

ドラマを盛り上げるための問題

なお、その悪、問題は人間がつくったものですが、されどそれでよしであったのです。この宇宙はドラマ性を軸としており、そしてそれゆえのイッキ返し、世紀末、たった一騎で世界を変換、陰陽《ネガポジ》から陽のみにひっくり返すという見たこともない大ドラマを仕上げることができ、ドラマ性を軸とする宇宙にすれば大喝采、万々歳の大成功であったのです。

つまりドラマは山場が要りますが、それが見事に盛り上ったのでした。人間が山ほどの問題をつくってくれたお陰《かげ》で宇宙始まって以来の大ドラマ、宇宙史上永遠にのこるドラマとなったのです。

ドラマは神の「子の要素」が想ったことが素

ところで、ドラマの素は何かですが、それは神の「子の要素」が想ったことが素であって、幼い子供が無邪気に自由に何かを想っているように、神の「子の要素」が自由に無邪気に想ったこと、想像したことが素であるのです。

つまり神は〈父と母と子〉、この三つの要素でもあって、そして子の要素、神の「子の要素」

が自由に無邪気に想ったこと、想像したことが素であるのです。

そしてそのような宇宙を知らぬままに証しているのが、あのミヒャエルエンデの『ネバーエンディングストーリー』であって、あの中のファンタジー国の当主は「幼心」という名の姫になっていますが、それはまさにこのような宇宙を証しています。

宇宙、それはファンタジー、ファンタジックな世界。宇宙はその━━、尽くせば実る法則や数にても整合された機械的、メカニックな世界ですが、そのような物理的構築力以上の知性がおもいであって、おもいによってどうにでもなり、宇宙は実にファンタジー、ミステリックでファンタジーな世界となっております。

また永遠、終わりなき世界ですが、それは幼い子供がいつも胸の中で何かと想いを巡らせているように、神の「子の要素」が始終その想いを巡らしつづけているからなのです。

これまで（陰陽《ネガポジ》）のドラマは神の「子の要素」が想ったことが素

しかるにこれまでのドラマ、陰陽《ネガポジ》のドラマは神の「子の要素」が想ったことが素であるのです。

神の「子の要素」があることを想い、それに神の「父の要素」が色づけし、また九次元の神が重ねて色づけしたところからのドラマ、陰陽《ネガポジ》のドラマであったのです。

では、神の「子の要素」は何を想ったのかですが、それは人間に生まれることを想ったのです。人間に生まれて地上での生活を楽しもう、と想ったのです。

父の要素と九次元の神が色づけした

そしてその想いに父の要素が色づけしたのです。「認識の裏打ちをしよう」と色づけし、それに重ねて九次元の神が色づけをした。この美しい青い星で「仲良く生きよう、平和に生きよう」と色づけしたのです。

認識の裏打ちでもあった

つまりこの度のドラマ、陰陽《ネガポジ》のドラマは神が認識を裏打ちするためでもあったのです。そしてそれは宇宙を陽のみで在らしめているのは何かを体験通して認識することであって、この裏打ち、認識の裏打ちがまだなされていなかったのです。

つまり、宇宙はプラスプラスに調和した陽のみの世界ですが、そしてそれは陽のみで在らしめている力、エネルギーがあるからであって、そしてそれは——、全体や他の人がよくあるよう自分が——する心、愛があるからですが、

つまり、

「全（他）が幸福であることを自己の幸福とし、そこにとことん身を掛ける」

この愛があるからですが、神はこれを体験通して認識していなく、ゆえにスッキリしなかった、心が晴れ渡らなかったのですが、これを機に裏打ちしよう、体験通して裏打ちしようとおもったのです。

神、それは知っている存在、陽のみの世界で在らしめているのは何かということを認識している存在ですが、されど体験を通して認識していなく、この機に裏打ちしよう、認識の裏打ちをしよう、とおもったのです。

御国《みくに》創りでもあった

また九次元の神もこれを機にこの美しい青い星で仲良く生きよう、平和に生き、そこにおいて目的を果たそう、役割をまっとうしようとおもったのです。

つまり九次元の神の目的、役割、それは宇宙の進化、創造をその目的や役割としており、それは、この目に見える宇宙の中にひとつでも多くの御国《みくに》、神の国を創ることであるのです。

御国《みくに》、それは神の国であり、神の御世であり、また地上天国や仏国土、ユートピアや世界平和のことであり、全と個、そのどちらも平和、幸福であることであり、プラスプラスに調和した宇宙と同じ陽のみの世界のことでもありますが、九次元の神の目的と役割は、ひとつの星を授かって、その星が成人した神の子達で満ちる御国《みくに》、神の国にすることでした。

成人した神の子、それは親である神ほどに成人すること、肉もって神ほどになることであって、つまり、

「**全（他）が幸福であることを自己の幸福とし、そこにとことん身を掛ける**」

この愛（エネルギー）に肉もってなることであって、九次元の神はこのように成人した神の子達で満ちる御国、神の国を創ることをその目的、役割としていたのです。

そしてそれらは成功したのですが、それは人間が無智に生まれてくれたお陰でした。

人間が無智に生まれてくれたお陰

つまりそれは、人の身に生まれた神が認識の裏打ちをするには神ほどに生きなくては、神であるところの愛を生き切らなくては裏打ちはできません。目の前の人は勿論のこと、人類や地球や宇宙など全てを愛する愛として生き切らなくては裏打ちはできません。

つまり認識の裏打ち、それはこの愛を生き、そこにおいて悟る、この愛これが調和の術《すべ》であり、神であり、宇宙を陽のみに在らしめている力、エネルギーであることを悟る、認識することであるのです。そしてそれには問題が要ります。人類や地球の危機のみか、宇宙まで危機に陥るとい

った問題が要ります。

なぜなら、それはその問題があるがゆえに愛が芽ばえるからでした。問題がなくてはこの愛は芽ばえなかったのです。

つまり神とは愛、自分を愛するよりは宇宙や地球や人類や目の前の人など、全てを愛する愛でありますが、されどそれは人間に生まれたときに忘れており、されどもともとこの愛であるゆえに芽ばえる、「問題を何んとかせん！」「救わん！」と愛が芽ばえるのです。

ゆえに人間は無智に生まされ、生まれました。無智ゆえに問題をワンサカつくり、その問題を通して、

○神が認識を裏打ちし（人間に生まれ）

○そこにおいて、神の子が成人し

○そこにおいて九次元の神の役割も果たせる、神の国を創れるからでした。

つまり神が認識を裏打ちする、それは自力的に悟ることであって、さすれば⛬《まんだら》が手に入る。人間を神ほどに変換できる⛬《まんだら》が手に入り、その⛬《まんだら》によって成人できる。神の子人間は神ほどに成人でき、そこにおいて九次元の神の役割も果せるからでした。

そしてそれは成功したのです。作戦は成功したのです。神は認識を裏打ちでき、⛬《まんだら》も手にし、

∴《まんだら》によって神の子人間も神ほどに成人できることになり、また神の国の幕も開きました。人間に生まれた神のところでそれは開いており、あとはそれを大きく開く、全体的なものにしてゆけばよいのみになっているのです。

陰陽《ネガポジ》のドラマが終わり
陽のみのドラマに変われたのは、
陽のみの観方がものを言った

ところで、陰陽《ネガポジ》のドラマが終わり、陽のみのドラマに変われたのは、認識あってのこと。認識がものを言ったのですが、観方が陽のみ、物事をプラスに、愛ある温《あたた》かい観方に転じていったからでした。

そしてその代表的なのが、神の観方でした。そしてその神を初めて意識したのが三章でもお話ししましたが、チェルノブイリの爆発事故で、あの事故を通してまったく無関心であった神へ意識がグイと傾いたのでした。神とはいかなる存在か、そもそも神は実在なさるのかどうか、と、神へ神へと心が傾いたのでした。

親心が神であると気づく

アダムとイブの話から気づく

そして親心が神であると気づいたのでした。そしてそれは聖書の中のアダムとイブの話から気づいたのです。

なぜ、聖書、またアダムとイブなのか。それは原発の生みの親は西欧であって、原発の本質を知るには、その原発を生んだのはどんな精神的土壌なのかを調べることが肝心と、西欧の歴史をひもといていったところ、聖書に行き着いたのでした。

聖書が西欧の精神的土壌であって、この聖書の読み方、解釈の仕方が問題だ！　と思ったのでした。そして神とは怒《いか》る存在ではなく、どこまでも子供のことを思う親心である、と気づき、この解釈の違いが原発を生んだ原因であるとさらに気づいたのでした。

つまり西欧においては神とは裁きもすれば怒りもする、と、解釈されていたのでした。

聖書にはアダムとイブは神の言葉に背き、楽園を追い出されたように書かれており、そこから神を裁きもすれば怒りもする存在と解釈したようだけれども、それは涙ながらの外への出し、親ならではの子を思う涙ながらの旅立たせ、と思えるのでした。そしてそのように思えたのは、あの話に矛盾を一つ感じたところからでした。

つまりあの話は、楽園に神と共にいた一対《いっつい》の男女の話であって、その男女が神の言葉に背き、楽園を出ていかざるを得なくなったのですが、その話の中に、ひとつ矛盾を感じたところから親心が神であると気づいたのでした。

わざと食べさせた木の実

それは神であるのにムダなことをなさるものだ、と思ったのでした。そしてそれは「善悪を知る木」、これでした。

つまり神は二人に善悪を知る木、つまり智恵の木、これを指し、この木の実は食べてはいけない、と申し渡したわけですが、されどその言いつけに背いてイブが蛇に唆《そそのか》されて知恵の木の実を食べ、それをアダムにも勧めたわけですが、では、どうして神ともあろうものが食べてはいけない木を植えていたのか？　それならば初めっから植えなくともよいのではないか？　という疑問が湧いたのです。

そしてそれは蛇が唆したと書かれているが、それは神が唆せたのではないか？　それは食べさせるためにわざと植え、神が蛇に唆せたのではないか？　その木の実は食べる必要があって、そして食べさせるためにわざと植えていた。食べてはいけない、と申し渡していたが、それはもともと食べさせるために植えていたのであろう、と思うに到ったのでした。

親ならではのこと

そしてそれは親、神とは親であって、ゆえにわざと食べさせ、外に出した。食べてはいけない、と申し渡していた知恵の木の実を食べたゆえに、それを理由に出したのだ。

それはそれでなくては外に出せない、また、出ない。そこは楽園であって居心地がよく出る必要がなく、また、神も出せない。可愛い我が子に敢えて苦労はさせたくなく、そのようなことでもしなくては外に出せなかった、と思ったのでした。

外に出す、それはそれによって実るため、親のような知恵ある子に実るため、育つべく外に出した。楽園の外に旅立たせた、と思ったのでした。

原発は人類が刈り取った智恵の結晶

そしてその旅の末に実った智恵、それが原発でありました。そしてその技術たるや神の技にも似た見事なものでした。

されどそれは陰《ネガ》、大陰《ネガ》なものでありました。莫大な電力を少々の物質（ウラン）で生む、極めて陽《ポジ》なものでしたが、さりとてそれはプルトニウムという死のエネルギーを生み、智恵は智恵でも最高に悪しき智恵でした。

そしてそれは心に垣根があったからなのです。

心の垣根が逆さの原因

「心の垣根」、それは神の捉え方で、西洋の方が神を裁きもすれば怒りもする存在と捉え、そしてそれが「心の垣根」をつくってしまい、そして神からだんだんと離れてしまった。神を捨ててしまったのでした。

神に懐くどころか、捨ててしまい、そしてそれが原発を生み、また人間の大暴落、あの原発が象徴するような逆さの存在になってしまったのでした。

そしてその心の垣根をとっ払ったのが、神の御前《みまえ》で無邪気に行う「聖なる性儀」でありました。神の誘《いざな》いに素直に乗って一対《いっつい》の男女が神の御前《みまえ》で無邪気に振る舞うことによって垣根は取っ払われたのでした。

裸であることを恥ずかしく思うでもなく、それよりは神の御前《みまえ》で一生懸命交《ま》ぐわったわけですが、それはまさに、かつて楽園で神と共にいたアダムとイブ、その姿でもありました。神を怖れる思いなど微塵もないあどけなく可愛い姿でした。

つまり、あの聖なる性儀は、人類の始祖とされているアダムとイブ、その始祖の間違いを子孫である一対《いっつい》の男女で取り戻す意識でも行ったのでした。そしてその始祖の間違い、それは神の言葉に背いたこと。智恵の実を食べてはいけない、と言われていながら食べてしまった。その神の言葉に背いたことが間違い、間違いの始めだったのです。

そしてその間違いを取り戻すべく、素直に神の言葉に従った、聖なる性儀が行えるべくそのための本が届き、他にも数々の神よりの書や文書が届き、その神の誘い、間接的なもの言わぬ言葉に従ったのでした。

聖なる性儀は智恵の実った証し

そしてそこより聖なる性儀を考案し、芙蓉の心に翻《ひるがえ》った。神と共にいた頃のアダムとイブ、否、かってのふたりを超えたアダムとイブになったのでした。

長～い旅を通して実った智恵。その智恵の実、生命《いのち》の木ともなり帰って来たのでした。

つまり智恵の木の隣りには生命《いのち》の木が植えられていましたが、その生命《いのち》の木となって帰って来たのでした。神は生命《いのち》の木となるべくわざと智恵の実を食べさせたのでした。

つまり生命《いのち》の木、それは桔梗の心でもある芙蓉の心であって、この生命《いのち》の木に育てたく、わざと智恵の実を食べさせ、外に出したのですが、晴れて無事、手に手を取って帰って来たのでした。

神の懐、天国に、この地に在って帰ったのでした。

イブの犯した罪をあがなうためでもあった

そしてそれは人類を代表して始祖の間違いを、その罪をあがなうためのものでもありました。

またイブ、その罪をあがなうためのものでもありました。

原発を通して神を初めて意識し、そしてそこからアダムとイブの神話に辿りつき、そしてそこから人類のこの地上における目的を知り、そしてそれは智恵の刈り穫り、神と同じ智恵の刈り穫り、とあの原発の長けた智恵、人類の智恵の結晶を観るところからも感じ、そして身ごとその智恵となって帰り着いた。桔梗の心でもある芙蓉の心、生命《いのち》の木ともなり帰り着いたのでした。

あのチェルノブイリの爆発によって神を初めて意識した。あの爆発は神からの警鐘ではないか、と考え、またそれも愛のゲンコツ、涙ながらの愛のゲンコツと捉えたのでした。そしてそのようなことになってしまったのも、イブが蛇の誘惑に負けたがゆえであり、そのイブの犯した責任を取るべく、聖なる性儀を行ったのでした。

進化の本質にも気づいたから

またそれは進化の本質にも気づいたからでした。つまり、人間はこれまで進化を逆さに捉えていた。自分という者を神の子にふさわしい者に進化さすべきであったのに、物の進化にいそしんでしまった。霊的進化をめざす筈が物質的進化をめざしてしまった。

そしてその結果、☯このような黒きまがたま、☯真黒の中にほんのわずかに光が射しているようなそんな惨めな姿になってしまったことをあの原発によって気づいたのでした。

そしてそうなってしまった原因がイブにある。その原発にしても男と女でいえばやはり男がつくったもの。社会を主導しているのは男であって、また他の問題、環境破壊などの問題にしてもやはり男がつくっており、男に責任があるけれども、その男を、アダムを誘ったのはイブであって、また男を育てたのも女である。

人間幼児の頃が大事であって、そしてそれを担うのが女であった。そしてその女の育てた男達のしでかしたそれは悪業であって、ならば女が責任を取らねばならないと思ったのでした。

また、その陰陽《いんよう》のマーク（☯）から闇の裏には光があり、いまはそこに移るとき、チェンジするときであるのだとわかり、そしてそれは女、闇の原因は女であって、女が光に身ごと引っくり返す責任があるのだ、とも思い、その責任を女を代表してでも取ったのです。それは人類を代表してでも取ったのですが、女を代表してでも取ったのです。

そしてそれは性を通しての子創み、新しい人間創造であって、イブの責任を取るために、人類の責任を取るために新しい生命《いのち》になった。自分を新しい人間、神ほどの人間に創造したのでした。

悟りの旅は楽しくもあった

そしてそれは言葉に尽くせぬ苦労の道でしたが、さりとて楽しく、それは生まれて初めての思考、それゆえでありました。

思考、それは考えることですが、考えてゆけばゆくほど物事の本質がパカパカわかり、そのような自分の頭でとことん考えるといったことは生まれて初めてであって、そしてそれは面白い。自分の頭で考えわかる楽しさ、面白みがあり、次から次にやってくる難問に対して、思考過多で頭プッツンする危険にさらされながら、果敢に挑戦していったのでした。

自分の頭で考える楽しさがあった

そしてその思考の中枢は「自由」と「天皇の立場」の解釈でした。この世の乱れの原因、それは言葉、言葉の本質がわからぬまま言葉を生きていることが原因とも考え、中でも自由、この言葉の本質がわからぬままこの言葉を生きていることが原因と考え、自由の本質を探求しつつ、天皇という立場の解釈もしていったのでした。

天皇の立場、それは本当はいかなる立場なのか、それを知りたかったのでした。天皇を涙ながらに拝している人々を目にして以来、天皇に対する観方を懐疑し始めたのでした。

それまでは天皇制、またその座といったものはムダなもののように思え、冷ややかに観ていましたが、その人達を見ることから天皇を温かく、肯定したところから観てみると、天皇は生まれながらに天皇という宿命を背負い、その宿命にいさぎよく甘んじておいでであって、敬いの念を持つと共に、天皇といった初めっから頂点に立つ立場があることを知り、またその始祖は天照という神であるということから天照という神に関心を持ち、またそもそも天照という神がおいでになるのかどうか、その疑問がありましたが、されどそれも晴れた。天照とはいかなる思いの存在か、立場なのか考え、イメージでその天照となり、伊勢湾上空より海の豊穣を寿ぎ、またその豊穣による民の栄えを寿いだところ…

　つまり、海や山の幸に恵まれ物質的にも豊かに暮らしていけることを寿いだところ、天照の意識とピタッと重なった体験をし、目には見えねど意識として実際においでになることがわかったのでした。

　また戦前、天皇を神に仕立て、また親として敬愛させたわけだけれども、その真相は何か、何ゆえに天皇が神となり、親となったのか、と、その真相、宇宙的真の意味を考えていったのでした。

　そしてそのような中、〈天皇・政府・国民〉という天皇を頂点とする、この国の△《仕組み》に気づくと共に、初めっから頂点にいる神が存在することに気づいたのでした。

　つまり、神は数多おいでになるけれども、天皇のように初めっから頂点に立つ神、1なる神が存在することに気づいたのでした。

悟りに弾みがついた

　そしてそれによって悟りに弾みがついたのでした。神は数多おいでになり、男の神のみか女神までおいでになり、また一神教と多神教があり、神のことがよくわからなかったけれども、天皇のことを考えてゆく中、天皇のように初めっから頂点に立つ神、1なる神がおいでになることがわかり、悟りに弾みがついたのでした。

法則通りにすることでうまくゆき楽しかった

また、それは(悟りの旅)、法則通りにするとうまくゆき、苦しいけれども楽しかったのです。そしてそれは、尽くせば実る法則はしかりながら2の数、3の数の発見をし、この2の数、3の数を駆使することで物事がスル~とうまくゆき、そしてそれは法則、法則だと気づいたところからこの2の数、3の数を駆使したところスル~とうまくゆき、悟りの旅は楽しかったのです。

2の数、それは別れや分離、二元性であり、3の数、それは調和であり、創造であり、発展でありますが、この2と3の数を駆使したところスル~とうまくゆき、悟りの旅は楽しかったのです。

トキの発見によって楽しくできた

また、それは(悟りの旅)、トキの発見によっても楽しくできたのでした。トキ、それは宇宙的タイミングであって、そしてそれは引き上げ、よき方向に引き上げてくれており、トキに乗らなきゃソンソンなのでありますが、トキをブームの本質を探求するところから発見し、トキに次々上手に乗ったところから次々悟れ、悟りの旅はとても楽々、楽しくできたのです。

宇宙はトキと共にある
トキあってことはなる

ところで、宇宙はこのトキと共にあり、トキあってことはなります。

トキとは神のおもい

そしてそれはおもいであるのです。トキとはおもいであって、そしてそれは神のおもいであるのです。つまり神のおもい自体がトキであるのです。

そしてそれは長くなったり、短くなったり、何かを創造したり、破壊したり、生々滅々しながらも決してそれ自体は無くならない、創造を生み出すものがトキであり、おもいであるのです。

神のおもいは神の「子の要素」のおもいでもあり、この「子の要素」のおもいと神の「父の要素」のおもいが共におもって巡っているのです。

例えばこれまでの陰陽《ネガポジ》ドラマは神の「子の要素」がおもったことが素ですが、神の「父の要素」も色づけしており、そのように共におもって巡っているのです。

また、九次元の神も自分のおもいを重ねましたが、またこの銀河や太陽、地球などのおもいも重なっておりますが、また宇宙人や人間のおもいも重なっておりますが…。

そのように、トキとは神のおもいのみでなく、宇宙の全てのもののおもいの集積であって、それぞれの分に応じた量で絡んでおりますが、でも、それはさほどのことではなく、神のおもいがつよく、トキとは神のおもいであるのです。

トキに乗るとは神のおもいに乗ること

しかるにトキに乗るとは神のおもいに乗ることであって、そして只今の神のおもいは一刻も早く日本の方々と共に地上を平和にしたい！　宇宙と同じ陽のみにしたい！　ということなのです。そしてそれは神の国のことであって、この地球を日本の方々と共に一刻も早く神の国にしたい！　とおもっておいでなのです。

神の国構想、これは九次元の神の構想ですが、神の構想でもあって、神はいま地球を日本の方々と共に神の国にしたい！　とおもっておいでなのです。神の国、その始まりの国である日本の方々が、共にやってくれることでこの地球はスムースにスピードを持って神の国になるゆえに、また可愛いい我が子、人類がスムースにスピードを持って幸福になるゆえに、そうおもっておいでなのです。

しかるにこのおもいに乗って一刻も早く神と共に神の国にすることが肝心ですが、それはまた自分のおもいでもあるのです。神のおもいに乗って神の国にすることは自分のおもいを遂げることでもあるのです。

陽のみのドラマの中における陰陽《ネガポジ》ドラマ

さて、只今ドラマは陽のみとなっている・陽のみの花の都あるぱるぱ、天地の中央からそれは始まっている、幕が開いておりますが、されども陰陽《ネガポジ》はあり、そしてそれは陽のみのドラマの中における陰陽《ネガポジ》ドラマであるのです。

つまり陰陽《ネガポジ》のドラマ、それはさらに繰り返されていますが、それは陽のみの人が主流でない、陽のみである《まんだら》を一本に生きる人が主流でないからでありますが、されど次第に《まんだら》を一本に生きる人、陽のみの人が主流になります。

そしてその主流たちは三つの文化的統一をなしてゆきます。

三つの文化的統一

そしてそれは、

○宗教　根源の神への帰依

○性生活　新しい性生活とする
○食べ物　玄米を主とした穀菜食とする
この三つであって、この三つの統一がなされ、そしてそこから新しい御世、宇宙人や空洞地球の人達を混じえた陽のみの霊文明、文化の興隆となります。

第六章

《まんだら》（c）の上手な廻し方

さて、いろいろお伝えしましたが、ここで∴《まんだら》の上手な廻し方をお伝えしましょう。

∴《まんだら》を上手に廻す、それは∴《まんだら》を一本に生きることですが、そしてそれはつまりは愛を生きること、

「**全（他）が幸福であることを自己の幸福とし、そこにとことん身を掛ける**」

この愛を信仰（祈り）とともに生きることだとお伝えしてきましたが、それはつまりは、神さまの念いを生きることなのです。

神さまの念いを生きること

つまり、この愛、∴《まんだら》を生きることは神さまの念いを生きることなのです。神さまは、人間がこの愛であるところの∴《まんだら》を一本に生きることによって、その人自身申し分なく幸福になるゆえに、∴《まんだら》を一本に生きることをつよく思っておいでであって、∴《まんだら》を一本に生きること、∴《まんだら》を上手に廻すということは神さまの念いを生きることなのです。

そしてそれには∴《まんだら》を呑み込むこと、∴《まんだら》を呑み込んで神さまとズバッと太く結ながりその御援助をいただくこと、∴《まんだら》を一本生きれるよう御援助をいただくことでありますが、そしてそれ

は（∴《まんだら》の呑み込み方）一章でお話ししておりますが、それはザーとしたものであったので、ここであらためて詳しくお話ししますが、その前に∴《まんだら》を説明しましょう。

さて∴《まんだら》ですが、これは

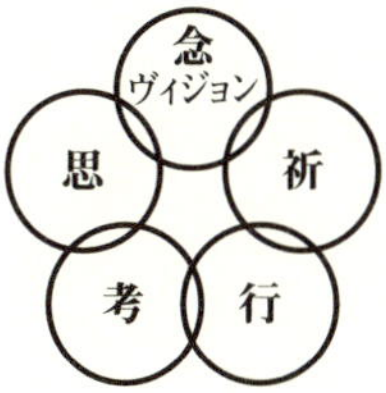

この三つでひとつとなっております。つまり三つに分かれてはおりますが、ひとつのものです。つまりこれは、本来は分かれていない、ひとつに混然と融けあっているのですが、このように三つに分けております。

、これは、真なる、善なる、美なる心を意味します。つまり陽なる心（思い・感情）を意味します。そしてそれは無数にありますが、ここに書かれているのはその代表的なものです。

、これは、《まんだら》は念（ヴィジョン）であることを意味すると共に、念（ヴィジョン）は、祈りをし、そこから行いや思考をする、行い方々思考をすることによって達成する、という意味です。

、これは、念（ヴィジョン）はそれを達成せん！　と意志し、キープしておればタイミングが訪れ、念（ヴィジョン）を達成するための知識や資源がやってくる、出会う、という意味です。知識や資源とは情報や人や物（お金）などです。

そして、この三つでひとつの《まんだら》を上手に廻す秘訣は、

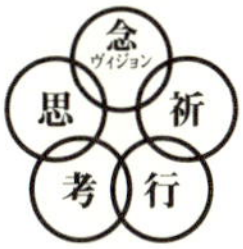

、これを上手に廻すことなのです。

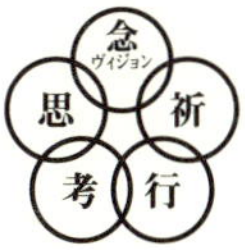

、これは《まんだら》の中枢であって、この中枢のまんだらを上手に廻すことが《まんだら》を上手に廻す秘訣なのです。

これまでは逆さに廻していた

そしてこれは、これまでは逆さに廻しておりました。

つまり

、これは本来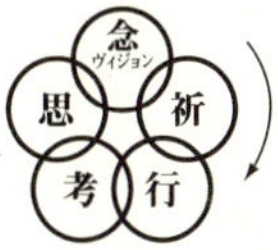

右に廻しますが、

左に廻しておりました。

つまり念（ヴィジョン）を達成すべく自分の頭で思考し、行い、そして祈った。うまくゆかないと神に祈っていたのです。

されど本来は、

念（ヴィジョン）を達成すべく、まず神に祈り、そして行う、自分でも念（ヴィジョン）を達成すべく行い、また思考する、行い方々思考する。このようにすることであるのです。

念（ヴィジョン）とは、希いや望みのことであって、希いや望みがあれば、まず神に祈り、そして行う、自分でも希いや望みを叶えるべく行い、また思考する、行い方々思考することであるのです。

思考する前に祈る

つまり、自分で思考する前にまず祈ることであるのです。人間の柱は認識であり、そしてそれは思考、考える、このことでもあって、この柱を立ててゆくことは極めて肝心ですが、念（ヴィジョン）を叶えるにはまず祈る、自分で思考する前に神に祈ることであるのです。神さまに念（ヴイジョン）を叶えて下さるようお願いの祈りをすることであるのです。

例えば、

宇宙根源神さま、私はいま○○の念（ヴィジョン）があります。
どうかこの念（ヴィジョン）が叶いますよう御援助下さいませ。
御援助下さいまして
　ありがとうございます。
　ありがとうございます。
　ありがとうございます。

このように祈ります。

――すると、神の力によって叶えられるか、叶えるための糧が与えられます。神の知恵、考えが与えられます。言葉や霊夢、イメージやひらめき（直感）などで与えられます。

なお、何んでもかんでも祈る必要はありません。自分で叶えることができるのであれば祈る必要はありませんが、自分で叶えるのが難しいのであれば祈ります。

「人間の考え」を優先していた

つまり早い話が、これまでは「人間の考え」を優先していたのです。「神の考え」より「人間の考え」、「自分の考え」を優先しており、つまり主にしており、そしてそれは逆さ、まっ逆さであったのです。

神も逆さであった

そしてそれは悟りのアンカーであった神も逆さでありました。「神の考え」より「自分の考え」を優先していた、主にしておりましたが、ユートピアの構想を練っていたときにチェンジしました。

悟りのシリーズ②における「自力的幽体離脱の悟り」の中で、ユートピア構想を練ったというお話がありますが、そのときにそれはチェンジしたのです。

つまり自力的幽体離脱の悟りの際に、ユートピアが可能かどうか思考でもって青写真を描いていたところ、転生輪廻という言葉がポンと頭に湧き、そしてそれは神からだ、とわかったのですが、でもそれを捨てたのです。

それはよくわからなかった。それはときの治政者が自分の支配のためにつくり出した思想ではないか、と思い、そんなよくわからぬものをユートピアの仕組み、青写真の中に取り入れることははばかられた。もとから疑わしいものを取り入れることは、はばかられたのです。

　つまりいいかげんなことをするのはその世界を起こさんとする、また起こしてもそこにとどまるものとしては違反、反則であって、ゆえに取り入れたくなかったのです。

　されど頭から否定してかかることはそれこそ反則、反ユートピアであることにも気づいたのです。――それは自分の考え、これに固執しているわけで…

　つまり、それは真にユートピアを考えている存在ではない、もし真に考えているんだったらその言葉をまず入れて計算してみることがユートピア的発想じゃあないか、愛や智恵、賢いことではないか、と気がついたのです。

　それで自分のそういった拘わりはひとまず置いといて、その言葉を、つまり転生輪廻を思考の計算に取り入れたときスル～と計算でき、ユートピアは可能であるとの確信を持ったのですが、それは「自分の考え」より「神の考え」を優先した、主にしたからであったのです。

祈り＝神に通じる力

　しかるに「神の考え」、これを仰げること、神に通じることが肝心ですが、神に通じるには祈ることであって、神に祈りができてこそ神に通じます。否、人間はもともと神に通じておりますが、それはか細いものであって、祈ることによってしかと通じ、言葉や霊夢、イメージやひらめ

き（直感）などで神の考えを仰げる上に、

、この廻りもとてもよくなります。

このまんだら、これは、念（ヴィジョン）は、それを達成せん！　と意志し、キープしておればタイミングが訪れ、念（ヴィジョン）を叶えるための知識や資源がやって来る、出会う、このような意味ですが、このまんだらの廻りもとてもよくなります。

陽なる念（ヴィジョン）が肝心

なお、その念（ヴィジョン）は陽なるものでなくては神に通じません。世や人が不幸になる、自分が不幸になる念（ヴィジョン）は通じません。

――ということは世や人が幸福になる、自分が真に幸福になる念（ヴィジョン）は通じるということであります。

無限の可能性であれる

そしてそれは、無限の可能性であれます。行き詰まることなく無限に伸びます。

神に通じてこその無限の可能性

人間は無限の可能性ですが、それは祈りをして神に通じるゆえの無限の可能性であるのです。しかるに、祈りを欠かさぬことであって、また、⛬《まんだら》の中心は祈りであって、祈りを何かとします。

⛬《まんだら》の中心は祈り

⛬《まんだら》の中心は祈りであることは、これまでも度々申しましたが、⛬《まんだら》の中心は祈りであって、日々祈りをします。お願いの祈り、感謝の祈り、祝福の祈り、お詫びの祈りなど何かとしますが、それはＴＰＯします。

ＴＰＯして祈る

つまり機械的にならぬよう気をつけるのです。祈りの言葉をただ唱えるのではなく、思いを込めて祈りかつ変える。いつも同じ言葉を機械的に繰り返すのではなく、思いがよく伝わるよう、祈りの言葉をＴＰＯします。

祈りの対象をイメージして祈る

また、祈りの対象をイメージする。その姿を想い浮かべて祈ります。神々は姿はありませんが、地球や人などは姿がありますので、その姿を想い浮かべて祈ります。

祈りは神々のみでなく地球や人などにもしますが、その際、その姿をイメージして祈るのです。

只今の祈りの対象は宇宙根源神

また、只今の祈りの対象は宇宙根源神であって、宇宙根源神へ祈ります。他の神に祈られても構いませんが、先ず宇宙根源神に祈ります。

また、只今神は人の身に生まれておいでであるので、その人の身に生まれておいでの神、宇宙根源神に祈ります。神さまのお姿（顔写真）は悟りのシリーズ②に載っております。

記念の祈り（祝いの祈り）

なお、只今は「祝いの祈り」ともいう「記念の祈り」がありますが、この祈りは神さまにお願いしなくとも念（ヴィジョン）や希いが叶うとてもスマートな祈りであって、この祈りによってスマートに叶えることができます。

記念の祈り（祝いの祈り）の仕方

それは、

○イメージする。
○言葉に起こす。
○行う。

この三つであって、念（ヴィジョン）はこの三つを駆使することで叶います。

○イメージするとは

念（ヴィジョン）がすでに叶っている姿、形、これをありありとイメージする、リアルにくっきりとイメージします。（リアルにくっきりするほどよい）

○言葉に起こすとは

念（ヴィジョン）が叶ったことを神や神々に感謝し、自分を祝います。

つまり、

私には○○の念（ヴィジョン）があります。

そしてこの念（ヴィジョン）を叶えることができました。

ありがとうございました。
ありがとうございました。
ありがとうございました。
}と、神、神々に感謝し、

おめでとうございます。
おめでとうございます。
おめでとうございます。
}と、自分を祝います。

○行うとは、

自分でも念（ヴィジョン）や希いが叶うべく行動します。

これが記念の祈り（祝いの祈り）であって、そしてこれは念（ヴィジョン）が叶ったこと、達成したことを記念する、前もって祝ってしまう祈りであって、この祈りによって神さまにお願いしなくとも念（ヴィジョン）は叶います。

神のオリジナルは

ところでその

、これが悟りのアンカーであった神のオリジナルなのです。

つまり《まんだら》は悟りのアンカーであった神の悟ったものですが、それを表現する際、図として出す際、

、これ以外は他の方が出していたものを抽出したのです。

つまり、

と

はアーリオーンとバシャールという宇宙神霊が出されていたものであって、それと合同させたのです。

それは同じであったからでした。自分が体験を通して悟ったものと同じであり、かつまたムダなくシンプルにまとめていたからであるのです。つまり心（思い・感情）、これが肉よりは主であると悟り、またこの質が大事であることを悟った、陽なる心（思い・感情）であることが大事と悟り、そしてそれは無数にある、陽なる心（思い・感情）は無数にあり、それを、

○神への敬い
○純粋
○無邪気
○素直（正直）
○謙虚

このようにアーリオーンがムダなくシンプルにまとめて本に出されていたからであるのです。

また、

○念（ヴィジョン）があれば

○それを達成せん！　と意志し、その意志をキープする、あきらめない、

○するとタイミングが訪れ

○知識や資源を手にすることができる、

その念（ヴィジョン）を達成するための情報や人や物（お金）などがやって来る、出会う、

といったことも体験を通して悟り、それをバシャールも出されていたからであるのです。

また、これは普遍的天のエッセンスであり、合同させてもOK、大丈夫と知っており、そしてこのような五つの輪にまとめ、三つでひとつとしたのです。

∴《まんだら》の呑み込み方

さてここで、∴《まんだら》の呑み込み方をあらためて詳しくお話ししますが、それはやや詳しいものになります。

やや詳しい、というのは、このような形（文章）では詳しくはお話ししがたい、細かいことは

お話ししがたいのでやや詳しいものになります。

○∴《まんだら》を呑み込むとは、

∴《まんだら》を受け入れ、胸に治め、∴《まんだら》を一本に生きることを念う。つよく思います。

○∴《まんだら》はグイッと呑み込む

素直に∴《まんだら》を受け入れ、胸に治め、∴《まんだら》を一本に生きることをきっぱり念う。中途半ぱに念うのではなく、きっぱりとつよく思います。

○祈りで誓う（意志を立てる）

また祈りで誓います。∴《まんだら》を一本に生きることを祈りで誓います。

そしてそれは意志を立てること、つまり∴《まんだら》を一本に生きることを意志することでもあります。

○リンリンと誓う

また、その誓いはリンリンと声高らかにします。高校野球の選手やオリンピックの選手が声高らかに宣誓しますが、あのように声高らかにします。

何かの都合で声高らかにできない人は胸の中でリンリンと誓います。

○天（神）に向かって、手を合わせて誓います。

リンリンと声高らかに、または胸の中でリンリンと誓います。

○世界の平和を念う

また世界の平和を念います。世界の平和を念うことは、∴《まんだら》の中にありますが、敢えて念います。

そしてそれは神の御世や神の国、陽のみの世界を念うことであり、またユートピアや地上天国、仏国土を念うことであり、地球平和や全と個、そのどちらもの平和、幸福を念うことでもあります。

さすればその夜、眠ったときに霊的現象があります。うまく呑み込めた場合、言葉や霊夢、イメージやひらめき（直感）などの霊的現象があります。眠ったときにない場合は、翌日、何かとてもよいことがありますが、それは∴《まんだら》がうまく呑み込めたことの証です。

なお、只今は祈りの対象は宇宙根源神であって、そして宇宙根源神はいま人の身に生まれておいでであって、そしてそれは○○○○○と名乗っておいでであって、しかるに宇宙根源神であられます○○○○○さま…と祈ります。

天にある意識（宇宙根源神）に誓われ、祈りをされてもOKですが、○○○○○さまになさる方がベストです。

（なお、ここでは理由《わけ》あって、根源の神さまが名乗っておいでの名前を○○○○○と伏せておりますが、お名前は悟りのシリーズ②の最後に、その理由《わけ》と共に載せておりますので、ここでは○○○○○としておりますことをお許しください）

例えば、

宇宙根源神であられます○○○○さま、神々さま、
この度は⛬《まんだら》をお授け下さいましてありがとうございます。
私は只今より⛬《まんだら》を一本に生きさせて戴きます。
生きさせて下さいまして
　ありがとうございます。
　ありがとうございます。
　ありがとうございます。

——と、このように祈りでリンリンと誓います。そしてそれは意志を立てること、⛬《まんだら》を一本に生きる意志を立てることでもあります。

そしてそれは、

「全（他）が幸福であることを自己の幸福とし、そこにとことん身を掛ける」

この愛を生きる意志を立てることでもあります。

神々さまというのは、これまで人類を導いて参られた九次元の神を初めとする中枢の神のことです。

呑み込む前にお詫びをする

なお、∴《まんだら》を呑み込む前に、これまで祈りをしていなかった人、信仰心のなかった人はそのことのお詫びをします。神や神々に信仰心がなかったこと、祈りをしていなかったことを祈りでお詫びします。

例えば、

宇宙根源神であられます〇〇〇〇さま、神々さま、
私はこれまで祈りができておりません、信仰心に欠けておりました。
このことどうぞお許し下さいませ。
お許し下さいまして
　ありがとうございます。
　ありがとうございます。
　ありがとうございます。

このように祈りでお詫びをし、そして∴《まんだら》を呑み込みます。

そして日々⛬《まんだら》として生きます。

日々⛬《まんだら》として生きる

そしてそれは祈りから始まります。朝起きたらまず朝の祈りをします。

朝の祈り

宇宙根源神であられます〇〇〇〇さま、神々さま
今日も⛬《まんだら》を一本に生きさせて下さいまして、ありがとうございます。
どうか⛬《まんだら》を一本に生きれますよう御援助下さいませ、
御援助下さいまして
　ありがとうございます。
　ありがとうございます。
　ありがとうございます。

そして…

「全（他）が幸福であることを自己の幸福とし、そこにとことん身を掛ける」、

この愛として生きますが、それと共に次の三つのことに気をつけます。

○思い
○言葉
○振る舞い

この三つ、ここに気をつけます。瞬時、瞬時に胸に湧く自分の思いや言葉や振る舞いに気をつけます。

人と接しているとき、道を歩いているとき、仕事をしているとき等、何をしていてもこの三つのことに注意を払い、陰《ネガ》なものは捨て、よいものでもさらによいものにしてゆきます。

それはなかなかうまくゆかない。つい陰《ネガ》な思いや言葉、振る舞いをしてしまい、また、より上げていなかったりします。

つまり、よい思いや言葉、振る舞いをさらによいものにしていなかったりしますが、それは夜の祈りでお詫びをします。

その都度その都度お詫びをすることがベストですが、なかなかそうもいかないので、夜の祈りでまとめてしまいます。

夜の祈り

宇宙根源神であられます〇〇〇〇〇さま、神々さま、
今日も⛬《まんだら》を一本に生きさせて下さいまして、ありがとうございました。
されどわたくしは⛬《まんだら》を一本に生きれておりません。どうぞお許し下さいませ。
お許し下さいまして、

　ありがとうございます。
　ありがとうございます。
　ありがとうございます。

答を見つけて眠る

そしてこの夜の祈りが終わったらおふとんの中で（おふとんの中でなくともよいが）一日を振り返ります。その日の自分の在り様を細かく振り返り、陰《ネガ》な点は反省し、どうあればよかったか、答を見つけて眠ります。

そしてこの答を見つけることが大事です。答を見つけないで眠ると、また同じ間違いをしてしまう、陰《ネガ》を繰り返すことになりますが、答を見つけていると、その答からスタートしますから、陰《ネガ》を繰り返すことはなくなります。

おふとんの中で一日を振り返って答を見つけるよりも、その都度、その都度、反省し、答を見つける方がベストですが、それができない場合はおふとんの中で一日を振り返って、答を見つけます。

答が見つからない場合は神さまに教えて下さいと祈りをして眠ります（おふとんの中でも可）。すると言葉や霊夢、イメージ、ひらめき（直感）など何らかの援助があり、答を見つけることができます。

もし眠っている間に見つからなくともあくる日に見つけることができ、また、あくる日でなくともかならず見つけることができます。

自分でも考えますが、考えているとパッとひらめいたりします。

なお、言葉や霊夢、イメージやひらめき（直感）などは、そのような場合のみでなく、⛬《まんだら》を呑み込み⛬《まんだら》を一本に生き始めるところひんぱんにあります。⛬《まんだら》を生きたなりにあります。つまり愛を生きたなりにあります。

また外からも情報や人や物（お金）などがひんぱんにやって来ますし、出掛けると出会います。つまり内から外から援助があります。ひんぱんにあります。

またお電話（チャネリング）もできるようになります。

世界平和を可能にすること

そしてこのように自分を在らす、祈りをし、愛を生き、思いや言葉、振る舞いもよく在らすことが世界平和、これを可能にします。《まんだら》を呑み込む際、世界平和を念いますが、このように自分を在らすことによってその念いは叶います。なぜなら、世界と個《自分》はひとつであって、世界が平和であるには個《自分》が平和でなくてはならず、そして個《自分》の平和はこのように存在してゆくことによって平和であれるからです。

つまり世界を平和にせん！　と何らかの行動をすることが大事ですが、それと共に自分をこのように在らす、自分を平和に在らせつつ何らかの行動をすることが肝心です。

思いが肝心

特に思い、これが肝心です。思いが陰《ネガ》のない陽、平和なものであることが肝心です。祈りや愛、言葉やふる舞いも肝心ですが、思いが平和、陽にスポスポ抜けていることが肝心です。

内をよくし、外をよくする

つまり外をよくするにはまず内、自分の内側からよくすることが肝心です。心や思いといった内側を常によいもので在らすことが肝心なのです。

なお、「考え」や「考え方」、これも常によいものに在らすことが肝心です。自分の「考え」や「考え方」、これをよいものに在らすことも肝心です。

このことをよく認識して
日々∴《まんだら》として生きる

しかるにこのことをよく認識し、そのもと日々∴《まんだら》として生きます。∴《まんだら》を意識の中心に据えて∴《まんだら》として生きます。∴《まんだら》が意識の中心、焦点であって、∴《まんだら》を意識の中心、焦点に据えて∴《まんだら》として生きます。

肉体も疎かにしない

なお、肉体も疎かにしないようにします。∴《まんだら》を生きるとは肉体も大事にすることであって、肉体にも留意し、食事は玄米を主にした穀菜食にします。

また、他にも新しい性生活など∴《陽》なる生活をいろいろします。

なお、すぐにはできない場合は段階的にします。そのことで苦しまないように徐々にします。

∴《まんだら》の学びをする

また、∴《まんだら》の学びを積極的にします。時間が余ったらするのではなく、時間を捻出して積極的に学びます。

何しろ只今は、極めつけの認識である∴《まんだら》からのスタートであって、∴《まんだら》を積極的に学びます。

つまり、神とは何かの学び、また22の主要な認識の学び、また他の諸々の認識等、学びを積極的にします。

宇宙の法を学び、生きること

そしてそれは神理や法則などを学ぶことでありますが、宇宙の法を学ぶことでもあります。∴《まんだら》、それは宇宙の法でもあって、∴《まんだら》を学ぶことは宇宙の法を学ぶことでもあり、かつまた生きること、学ぶことは生きることでもあって、∴《まんだら》を学ぶことは宇宙の法を学び生きることでもあります。

宇宙の法に自己を統べること

そしてそれは宇宙の法に従うことであり、また統べること、自から進んで宇宙の法に自己を統べることであるのです。

神も宇宙の法（《まんだら》）に自己を統べている

なお、人の身に生まれておいでの神も宇宙の法に自己を統べております。只今はこの人の身に生まれておいでの神がこの地を含めた全宇宙を統べておいでなのですが、それは宇宙の法に自からを統べることによって統べているのです。ゆえに神とて祈ります。法の中心は祈りであって神とて祈ります。神（天にある御自分の意識）や神々に祈ります。

神の次元のあどけを生むためでもある

そしてそれは神の次元のあどけ、これを生むためでもあります。神の次元のあどけ、これは人間に生まれて神や神々に祈るところにおいてのみ生じ、そのためにも祈ります。

また神はそのためにも人間に生まれました。つまり、神が人間に生まれたわけはいろいろありますが、神の次元のあどけ、これを生むためでもあったのです。

神は祈りの精霊

また神は祈りの精霊でもあって、ゆえに祈りを常に純粋なものに、またより上げてゆきますが、

夢の中での陰《ネガ》な言動、これさえも祈りでお詫びをします。

つまり夢の中で、陰《ネガ》な思いや言葉、行いなどをしてしまった場合はそのことを祈りでお詫びします。

また祈りは、神や神々のみでなく、宇宙の方々、天体、地球やその自然、人間の方々など、さまざまな方、方面に祈ります。朝と夜祈ります。

否、それ以外にも必要に応じて何かと祈ります。

思いをスポスポ抜かしている

また、思いをスポスポ抜かしておいでです。陽なる、よい思いにしておいでです。陽のみの世界の中心である御自分の思い、これが陽なる、よいものであることが肝心！　と、その思いをスポスポ抜かしておいでです。

もちろん、言葉や、ふる舞いなどもよきものであらしておいでです。よきものになっていないときは反省し、常によきものであるよう努力しつづけておいでです。

神に祈りができることが最高の統べ

そしてこの神に祈りができることが最高の統べ、宇宙の法に自己を統べる最高のことです。

∴《まんだら》を上手に廻す最高の秘訣

またそれは、∴《まんだら》を上手に廻す最高の秘訣です。つまり∴《まんだら》を一本に生きる最高の秘訣です。∴《まんだら》を最高に上手に生きることです。

つまりそれは、最高に幸福、申し分なく幸福になることです。

――ではこれで∴《まんだら》の上手な廻し方をお伝えすることを終わりますが、もっと詳しく知りたい方は本書とともに上梓しております悟りのシリーズ②を御参考にして下さい。この書は∴《まんだら》を上手に廻した歴史でもあって、この書を御参考にして下さい。

また人の身に生まれておいでの神さまにお尋ね下さい。あるぱるぱに電話なさるなり、訪れるなりしてお尋ね下さい。神さまは御都合のつく限り応対して下さり、丁寧に教えて下さいます。

また「∴《まんだら》実践塾」に入られるのもよいでしょう。この塾は∴《まんだら》を学び、かつ生きる、∴《まんだら》を一本に生きる塾であって、この塾に入られるのもよいでしょう。塾についての詳しいことはホームページに載せておりますので、この方を御覧になるか、お電話でお尋ね下さい。

また、ミニ講演会やミニフォーラムも開いておりますので、この方に参加されるのもよいでしょう。これらのこともホームページに載せておりますので、この方を御覧になるか、お電話でお尋ね下さい。

またいずれ、悟りのシリーズ③「初めに認識ありき」を出版する予定ですので、この書を御参考にして下さい。

おわりに

さて、このように明るい見通しは立っております。しかもそれは宇宙と同じ陽のみといった明るさ、明るい見通しとなっております。

そしてそれは神が人の身に生まれ悟りとともに新ためられたからでありますが、それはまた神々や人間の方々との共同作業であったのです。

神と神々と人間、この三者あいまってのこれは快挙なのです。

否、それはこの宇宙にある全ての存在、天体や自然や宇宙人の方々など全ての存在との共同作業、あいまっての快挙であるのですが…


そして、この全ての存在あいまっての快挙を、絵に描いた餅、水の泡にせぬよう日本は立ち上がらねばなりません。日本は陽のみの新しき世界、その始まりを担う国であって、日本が担うことで晴れて世界は陽のみになります。ゴタゴタすることなく陽のみになります。

そしてそれは日本を救います。行き詰まり、ニッチもサッチもゆかなくなっている日本ですが、そこにおいて救うことができます。自からを救うことができます。

また使命をまっとうすることができます。使命をまっとうするという名誉、誇りを得られます。

なお、このような新たな時代を迎える時には、陽が昇るように神理が浮上します。この日本を始め、世界のあちらこちらから神理が浮上しますが、本書もその中の一つとして読んでいただければ幸いです。

本書の第二章と第三章は、２００５年に上梓しました前著『明るい見通しは立っている！』（たま出版）に書いているものと重なっておりますが、前著においてはいささか不備な、誤っているところがあり、改めてここに修正し、掲載しなおすことになった次第です。前著をお読み下さった方、どうぞお許し下さい。

なお、《まんだら》を《ハガキ大》の紙に印刷したものを本書に挿入しておりますので、壁にお張りになるなり、手元にお持ちになるなどして御活用下さい。《まんだら》は意識の中心、焦点でありますれば、意識の中心、焦点に据えられるよういろいろに御活用下さい。

最後に、この度、このような形で出版させることができましたのは関係者の皆さまのお陰でございます。関係者の皆さまに厚く御礼申し上げます。

ありがとうございました。

TAIKO

2009年8月

◎「あるぱるぱ協会」連絡先
〒700-0824　岡山県岡山市北区内山下2-6-3
TEL　086-234-1395

◎「あるぱるぱ協会」HP
http://www.icity.or.jp/usr/alpala/

悟りのシリーズ①
神が世界をあらためた　悟りとともにあらためた

2009年10月30日　初版第1刷発行

著　　者　TAIKO
発 行 者　韮澤 潤一郎
発 行 所　株式会社 たま出版
〒160-0004　東京都新宿区四谷4-28-20
☎ 03-5369-3051（代表）
http://tamabook.com
振替　00130-5-94804
印 刷 所　株式会社エーヴィスシステムズ

ISBN978-4-8127-0277-2 C0011